歴史文化ライブラリー

33

災害都市江戸と地下室

小沢詠美子

吉川弘文館

目次

1　古今東西地下事情

江戸の地下室「穴蔵」

東京が江戸とよばれていたころから、人びとはさまざまに地下を利用してきた。江戸時代初期に開発された神田上水や玉川上水などの水道施設をはじめ、裏長屋のどぶ板の下をとおる細い下水や、汚水を一か所に集めるための大下水などの下水道施設も、江戸ではかなり発達していた。こうした施設とともに地下に多くつくられていたのが、「穴蔵」である。穴蔵とは、いわば現代でいう地下室で、おもに地下に設けられた倉庫をさす。これはけっして小規模な床下収納庫ではなく、人が十分はいれるような、大きな部屋をイメージしていただきたい。穴蔵は耐火性が高いため、とくに火災の多かった江戸ではおおいに普及していたのである。

もっとも、地下利用を得意としていたのはなにも江戸だけではない。今より六〇〇〇年ほど前から、お隣中国には、黄河流域の黄土地帯を中心としてつくられた地下住居の「窰《ヤオ》洞《トン》」がある。また、中国北部の河北省では、総面積三〇〇平方キロにおよぶ、約一〇〇〇年前の「地下の長城」も発見されている。ヨーロッパでも、いちはやく古代ローマの人びとが上下水道を完成させ、パリではコレラの大流行を契機として、一九世紀中ごろから、総延長約二一〇〇キロといわれる下水道整備が積極的に進められた。さらに、キリスト教徒の迫害されていた古代ローマにおいて、迫害の魔の手から逃れるため地下に迷路を掘り、避難場所、あるいは秘密の礼拝所や墓地として用いていた「カタコンブ」もよく知られている。

ほかにも、海外の地下利用の実例をあげればまだまだ枚挙にいとまがない。しかし共通していえることは、江戸で火災などの災害から財産を守るために地下利用が広まったように、海外でも病気や迫害などの地上の事情が、地下利用のあり方を規定しているということである。そして地上の事情が刻々と変化している現代の東京における地下利用目的は、便利さの追求といったところだろう。そのため人びとの生活にも、さまざまな変化がもたらされている。良くも悪しくも。

世田谷ケーブル火災

昭和五九年（一九八四）一一月一六日正午近く、東京都世田谷区太子堂の世田谷電話局前道路地下にある通信用ケーブル専用溝で火災が発生、半日のあいだ燃えつづけたのち鎮火した。しかし、火災の被害は建造物の破損にとどまることなく、都民の生活に大きな打撃を与えたのである。

情報化社会の動脈ともいうべきこの通信用ケーブル専用溝での火災は、家庭用・業務用の電話約九万回線を不通にしたのみならず、一時全国のオンラインがストップし、現金自動支払機が使用不能になるなど、銀行や郵便局といった約四〇の金融機関の業務も麻痺させることとなった。もちろん、一一〇番も一一九番も通じなければ、ファックスやパソコンによる商取引もできない。情報網の大混乱ののち一般加入電話第一号が復旧したのは、結局火災発生から三日半後のことであった。これがいわゆる「世田谷ケーブル火災事故」の概要であるが、この時ほど東京の地下利用の功罪を思い知らされたことはなかったのではないだろうか。

ところで、少々古い資料であるが、昭和五九年（一九八四）に科学技術庁資源調査会から出された『地下空間の開発利用に関する調査報告』には、近代以前の地下利用の状況について、「我が国においては、高温多湿、高地下水位という気候的、地質的特性から、長い間地下空間の利用は低調のまま推移し、農業、都市用水用のトンネル、交通の難所のトンネルを除き見るべき地下利用の発展はなかった」と記されているが、少なくとも東京、つまり江戸においては、先にも述べたように「都市用水用のトンネル」である上・下水道が発達し、本書のテーマである「穴蔵」が、ところ狭しと掘られていたのである。

明治維新をむかえ江戸が東京となり、試行錯誤ののち昭和二年（一九二七）一二月三〇日、わが国初の地下鉄が浅草〜上野間で開通したのをかわきりに、今や地下四〇《メートル》級の駅もいくつかつくられるなど、東京の地下鉄網の発達には目を見はるものがある。また八重洲や新宿・渋谷などの繁華街では、飲食店や〝ショップ〟の立ちならぶ地下街が発展を続け、〝B1グルメ〟なることばも登場したデパートの食品売り場は、もはや地下一階に定着している。さらに都市景観の問題から、「電柱天国」と陰口をたたかれていたわが国でも欧米諸国にならい、電線の地中化が徐々に進みつつある。

その一方で、日常化した地下開発にはつねに危険がつきまとっている。平成五年（一九九三）二月一日深夜、東京都江東区冬木の工事現場トンネル内でメタンガスによる爆発事故が発生、四人が犠牲になる大惨事となった。この東京都水道局の水道管新設工事が行われていたのは、なんと地下約三〇《メートル》であった。

穴蔵再登場

以上みてきたように、東京でも近代以降は公共機関、あるいは企業レベルでは活発に地下利用がなされてきたが、江戸時代のような個人レベルでの利用は、近年ほとんどみられなかった。というのもこれまでは、建築基準法という壁にはばまれていたからである。建築基準法では、まず地下室の前部分に採光および通風用の空掘りを設けること、そして衛生上の支障がないことという設置基準が、個人住宅での地下室設置に関して定められていたが、具体的な基準が示されていなかった。そのため、建築確認の判断を任されている自治体側では慎重にならざるをえず、事実上禁止の状態か、あるいは許可を得るには莫大な建築費用がかかるため、敬遠されていたのである。

しかし過密都市東京での地下利用は急務であり、平成元年（一九八九）一〇月、建設省はようやく「住宅の居室を地下に設ける場合の指導指針」を発表、空掘りの大きさを規定し、衛生上の必要条件や防火対策を示した。いよいよ個人レベルでの地下利用時代に、再突入したのである。そんなある日の新聞に「六畳三坪タイプの大型地下収納庫新登場」というある建築会社の広告を見つけた。つまり完全な地階ではなく、ひと部屋分だけのスペースを地下につくり、倉庫やワインセラーとして使おうというコンセプトだった。なんのことはない、江戸の人びとがこよなく愛した「穴蔵」の〝再登場〟である。穴蔵の消滅は関東大震災の時といわれるから、およそ七〇年ぶりの復活ということになる。

　われわれはこのように地下を開発し、利用してきたが、その存在形態は時代とともに変化している。江戸・東京が、一大都市としてスタートしたのは今から約四〇〇年前、徳川家康が家臣団を引き連れ江戸にやって来た天正一八年（一五九〇）のことである。以来江戸では、穴蔵がおおいに発達する。しかしやがて幕府が崩壊し、明治・大正・昭和へと移り変わるなかで、あれほど繁栄をきわめた穴蔵も、いつの間にか消滅してしまうのである。

　たかが地下建造物の発生・消滅くらいで何をたいそうな、とお思いかもしれないが、歴史の連続性・非連続性という側面からこのことを考えると、江戸・東京の都市のあり方を解明する、大きなヒントが隠されているような気がしてならない。今や東京は、一国の首都から国際都市へと変貌を遂げつつあるばかりか、東京を拠点とする国政そのものも、大きな転換期を迎えている。その折もおり、一地方都市から一国の中央都市へと大転換した江戸時代の江戸で発達した「穴蔵」が、現代によみがえったのである。現代によみがえった穴蔵が、マンションやビルの濫立する東京で、はたして再び脚光を浴びることができるかどうかは定かではないが、東京の今後を占ううえで、穴蔵を検証するのもけっして無意味な作業ではないと、確信している。

災害都市江戸と穴蔵

頻発する火災

江戸の火事

「火事と喧嘩は江戸の華《はな》」といわれるように、江戸がたいへん火災の多い都市であったことは、よく知られている。しかも江戸の住宅の多くが「焼家」とよばれる粗末な木造建築であったこともあり、いったん火が出ると大火になる可能性が高かった。江戸の十大火災のひとつに数えられる明暦三年（一六五七）の明暦の大火では、焼失町数九三四か町、死者数万から一〇万人、行方不明四〇六〇人あまりといわれ、また同じく文政一二年（一八二九）の己丑《きちゆう》の大火でも、二八〇〇人の死者を出した。こうした火事が集中して発生した季節は、暖房の必要な冬場であったが、関東地方は地震も多く、いわば年間を通じて火災の危機にさらされていたわけである。

江戸で最も火災の多かった地域は、天保の改革のため天保一三年（一八四二）に浅草猿若町に移転するまで、歌舞伎劇場の中村座や市村座のあった日本橋堺町・葺屋町かいわいであった。西山松之助氏の調査によると、この二つの劇場は、明暦の大火から移転直前の天保一二年までの一八五年間に、三三回もの全焼が記録されている（「火災都市江戸の実体」『江戸町人の研究』第五巻）。つまり計算上、五〜六年に一度の割合で全焼していたことになる。しかも記録に残らないボヤまで含めると、実際の類焼回数はこの数倍になるだろう。

また、吉原も火災が多発している場所である。同氏の調査によると、吉原がまだ日本橋葺屋町にあった（のちに元吉原とよばれる）元和三年（一六一七）から明暦の大火までのあいだに二回、この火災がきっかけとなり浅草千束《せんぞく》に移転し、新吉原とよばれるようになった明暦三年から江戸時代最後の全焼である慶応二年（一八六六）までのあいだに一九回、計二一回の全焼記録が残されている（西山前掲論文）。もちろんこちらも、ボヤを含めた実際の類焼回数はこれをはるかに上回ると思われる。同じ遊廓でも、京都の島原では寛永期（一六二四〜四四年）以来一度も全焼していないというから、このことと比較してみても江戸の火災の多さに驚かされる。

火災の条件と江戸ッ子気質

ではなぜ、江戸ではこのように火災が頻発し、しかもあくまで「華」でありえたのだろうか。西山松之助氏はその原因として次の三つの条件をあげている（西山前掲論文）。

まず第一の条件は、江戸では大火を喜ぶ住民がかなり多く存在していたらしい、ということである。江戸には裏店《うらだな》ずまいのひとり者が多く、彼らにはもともとたいした財産もないわけだから、たとえ火災で焼け出されたとしても、生活レベルが激変するようなことはない。それどころかむしろ、災害処理や復旧工事がはじめられるため労働力の需要が増し、それにつれて労働賃金も高騰し、かえって生活に張りが出るものも少なくなかった。

第二の条件としては、大都市としての統一的政治体制が欠けていた、ということである。つまり幕府は放火犯にばかり気を取られ、科学的防火対策を講じなかったのだ。享保七年（一七二二）、本所・青山・三田・千川の四上水が、幕府儒官の朱子学者室鳩巣《むろきゅうそう》の進言により廃止された。理由はこうだ。江戸に火災が多いのは水道の樋《とい》を埋めるため、地下を縦横無尽に掘り返しているせいで、土地に含まれる水分が減少しているのだ、と。この不可解な非科学的根拠を、「いろは四七組」の町火消制度をはじめるなど、防火意識の強かった八代将軍徳川吉宗でさえ簡単に信じてしまうのだから、ましてやほかの為政者たちのレベルは推して知るべし、といったところだろう。しかも江戸が、幕府の予想をはるかにこえる大都市に急成長してしまったことも災いした。享保期の江戸の人口は一〇〇万人に達するといわれ、超過密都市と化し、幕府の都市計画も後手にまわることとなった。

そして第三の条件は、江戸で暮していく以上火事は当然のことで、類焼も仕方のないことと甘んじて受け入れ、せめて自火でなかったことを喜ぶ、という考え方が江戸の住民の中に深く浸透していた、ということである。西山氏によると、「江戸ッ子」とは主張すべきことも控え目にして、自分で損を自覚しながらその損をじっと我慢して堪えているようなところのある人間だという。つまり、長年大量の他所からの移住者にさらされている中、異質的人間にけっして同化することなく、江戸に永住しつづける過程で身につけたとされるこの「控え目」という江戸ッ子の生活哲学が、火災に対する考え方にも反映されていたのだ。これは、物事に執着することを嫌う「いき」という美意識にも通じる。

以上のような三つの条件にその他いくらかの要因が相まって、江戸の火災の特殊性が形成されたのである。しかし火災とつねに隣り合わせの生活を送っていた江戸の人びとは、火災に対して積極的な対策を講じるでもなく、おおむね火災とうまくつきあっていたといえよう。いや、うまくつきあわざるを得なかったのである。

江戸の人びとが火災とうまくつきあわざるを得なかった最大の原因は、幕府の無策にあった。前に、幕府は放火犯にばかり気を取られ、科学的防火対策を講じなかったと書いたが、幕府の防火政策はほとんど場あたり的な自転車操業に近いものがあったといってよかろう。

幕府の対策

幕府がまずはじめに着手したのが、強制移転による火除地《ひよけち》の設置であった。火除地というのは、読んで字のごとく火を除けるための空き地のことで、住宅の過密化を防ぐことによって延焼を食い止めようとの意図から設置された。そのため、幕府が一方的に火除地に設定した地域の住民を強引に立ち退かせ、彼らには代わりの居住地である「代地」を与えた。もっとも江戸では、武家屋敷の増加にともなう町人地の強制移転は日常茶飯事のことであり、江戸の地名に「〇〇町代地」という名称が多いのは、こうした事情も影響している。早い段階で設置された火除地としては、神田須田町や神田明神下のものがあり、大火後の明暦三年（一六五七）六月、誓願寺門前町や光感寺門前町などが寺の移転とともに浅草に移されたという（『江戸三百年』①「明暦の大火」）。

ほかにも定火消《じょうびけし》の設置や道路の拡張、火除堤《ひよけづつみ》の建築などが行われたが、享保期（一七一六～三六年）になると、町奉行所の与力・同心の役掛《やくがかり》として、放火防止のため強風のおり市中を巡視し、挙動不審者を検挙する風烈《ふうれつ》廻りの設置や、町火消制度の発足、そして瓦葺屋根や、のちに詳しく述べる塗屋づくり・土蔵づくり建築の奨励など、やや革新的な制度改革が実施される。しかしその後は決定的な防火政策が打ち出されることもなく、明和元年（一七六四）各町火消に防火用具として竜吐水《りゅうどすい》が、寛政七年（一七九五）には釣瓶《つるべ》が支給されたくらいで、防火はもっぱら町の自治にゆだねられていたのである。

こうなると、自分の財産は自分で守るしかない。その日暮らしのたいした財産を持たない者は別として、日本橋あたりの一等地に店をかまえる大店《おおだな》にとって、火災から財産を守ることは必須の命題である。では、彼らはどのような対策を講じていたのだろうか。

長谷川家の「掟」

日本橋大伝馬町の木綿問屋長谷川家では、明和五年（一七六八）に江戸店《えどだな》の掟書《おきてがき》を改定する。この六七か条からなる「掟」には、公儀法度を固く守ること、高慢な態度をとらないこと、ぜいたく品は身に着けないこと、勝負ごとはしないこと、病気になったらたがいに気をつけ介抱すること、などなど商売向きの規則から奉公人の生活態度にいたるまで、実にこと細かく記されている。そしてその中の四分の一弱に当たる一六か条が、火災や地震などの災害に関する規定なのである。

一、毎日蔵々の戸締まりに気をつけ、戸前口窓そのほかの用心土を普段から油断なく点検しておくこと。
一、穴蔵、砂蓋《すなぶた》砂などの点検を心がけること。
一、大地震が発生したときには、鎮まったあとで戸前の引合を点検すること。
一、抱《かかえ》日用《ひよう》の者（日雇人夫のこと）や出入りの者へ、出火のときには駆けつけて働くよう、いいつけておくこと。
一、近火のときは蔵々・穴蔵を第一に始末し、そのうえで店の商品やその他の諸道具を処理すること。
一、諸帳面と蔵の鍵を持ち出すこと。
一、急な出火でも、神仏を大切にかたづけること。
一、出火のときは、蔵々の戸前口に随分と念を入れ、大火になって目塗りしたものは支配人が点検すること。穴蔵の砂蓋も同様にすること。
一、火事のときには、奥蔵々・内蔵・穴蔵を始末すること。
一、出火のときには、よその諸道具その他何に限らず預かってはいけない。もしどうしても仕方のないときは、支配人に断わること。

一、出火のときもし病人がいれば、風の吹く方向を考え、早々に懇意の家に連れていき頼んでおくこと。
一、火事の見まわり先では、危ない働きはしなくてよい。もし見まわったあとで店の隣町に火の手がまわれば、そのまま取って返すよう、常々心がけておくこと。
一、大火になって避難する際、子供（丁稚などの奉公人のこと）によくいって聞かせ、けがをしないよう気をつけさせること。
一、万一大火になって危なくなれば、大小の梯子《はしご》・竜骨車《りゅうこし》・釣瓶・手桶・鍬・鳶口《とびくち》・水籠の都合七品を取りそろえ、避難場所を打ち合わせ、風向のよい方向へ持ち出し、一～二人の番人をおき、すぐに帰って働くこと。火の燃え広がっていく先の方にいあわせてけがをしないようたがいに気をつけ、思うようにならないときは打ち合わせた場所へ避難し、一か所に集まり、人別を点検して身仕度を整え、火が鎮まり次第すぐにこれらの道具を持って駆けつけ、蔵々四方穴蔵の上から火を除き、放水に精を出し、蔵々穴蔵の様子を考えること。
一、出火の際に必要な諸道具は、常々点検して備えておくこと。
一、常々火の元第一に気をつけること。

ここに記されている「用心土」や「砂蓋砂」というのは、火災が発生した際、すきまから火が入らないように土蔵や穴蔵の入り口をふさぐためのものである。常時こうした備えをし、しかも〝火事七つ道具〟ともいうべき品々を万全に整えることが、長谷川家のみならず大店の常識だったのであろう。そして、火災時における防火施設の役割を土蔵と穴蔵の両者に持たせており、これらの点検・始末をおこたりなくこなすことが、自らの財産を守る確実な手段だったのである。

江戸穴蔵の成立年代

では、江戸で穴蔵が火災に対する自己防衛策として注目されはじめたのは、いったいいつのことなのだろうか。もっとも、穴蔵誕生の正確な時期もはっきりしないのだが、甘露寺親長《かんろじちかなが》著『親長卿記《ちかながきようき》』の文明一〇年（一四七八）一二月二五日の条には、「今夜火事あり、五霊殿なり、（中略）予、近辺に及び、具足等穴蔵に収納終わる」と記されているので、江戸以外でもかなり早い時期から、穴蔵を防火施設として利用していたことは確かである。また、慶長八年（一六〇三）に日本イエズス会が編纂した『日葡辞書《にっぽじしょ》』には、「Ａｎａｇｕｒａ　地下、または洞穴の中につくってある、穀物や食料をおさめる倉庫」と記されていることから、都市以外の地域では一般的に、単なる地下倉庫としての性格が強かったと考えられる。

さて、加藤曳尾庵《えいびあん》が文化～文政期（一八〇四～三〇年）に書いた『我衣《わがころも》』では、江戸では明暦二年（一六五六）、日本橋本町二丁目の元福島家浪人、和泉屋九左衛門という呉服屋が穴蔵を防火倉庫として使いはじめ、そのころの人びとは防火効果を疑っていたが、翌年の明暦の大火で九左衛門の穴蔵がおおいに重宝したのを見て、世間にはやるようになった、という説をとっている。喜多村信節《きたむらのぶよ》著『嬉遊笑覧《きゆうしようらん》』ではこの説を否定しており、「和泉屋九左衛門」なる人物が実在するかどうかも定かではないが、亀岡宗山・杉田玄白共著の『後見草《あとみぐさ》』には、明暦の大火までは穴蔵というものを人びとは知らなかったので、車や長持に頼ったため、諸道具は焼失してしまった、とある。そして成立年代も作者も不明であるが、「榎本氏覚書」という史料には、明暦四年の一・二月に火災が頻発したので、江戸市中では裏店《うらだな》住いの者まで残らず穴蔵をつくり、おおかた江戸の土地の十分の一は穴になった、という記述が見られる。

これらの史料から判断すると、江戸で穴蔵が普及しはじめたのは、明暦の大火直後であったことがわかる。『嬉遊笑覧』によれば、宝永（一七〇四～一〇年）のはじめまではまだ少なかったというが、以来穴蔵は、江戸で大活躍することになるのである。

穴蔵の機能

防火倉庫としての穴蔵

これまで見てきたように、江戸で重視されている穴蔵の機能の第一は、やはりなんといっても防火施設としての役割である。穴蔵には、あらかじめ大事な物を火災に備えてしまっておく場合もあった。文化四年（一八〇七）黒川盛隆により記された『松の下草』によると、国学者として著名な塙《はなわ》保己一《ほきいち》は、火災に備え、書物を入れる穴蔵を四～五基所有していたという。これなどはおそらく、日常的に保管庫として使用していたのだろう。だが、火災が発生してからあわてて物品を投げ込み、フタをし、その上に砂を盛るという使い方のほうが、一般的だったようである。貞享三年（一六八六）に刊行された、井原西鶴著『好色五人女』にも、火災の場面で「穴

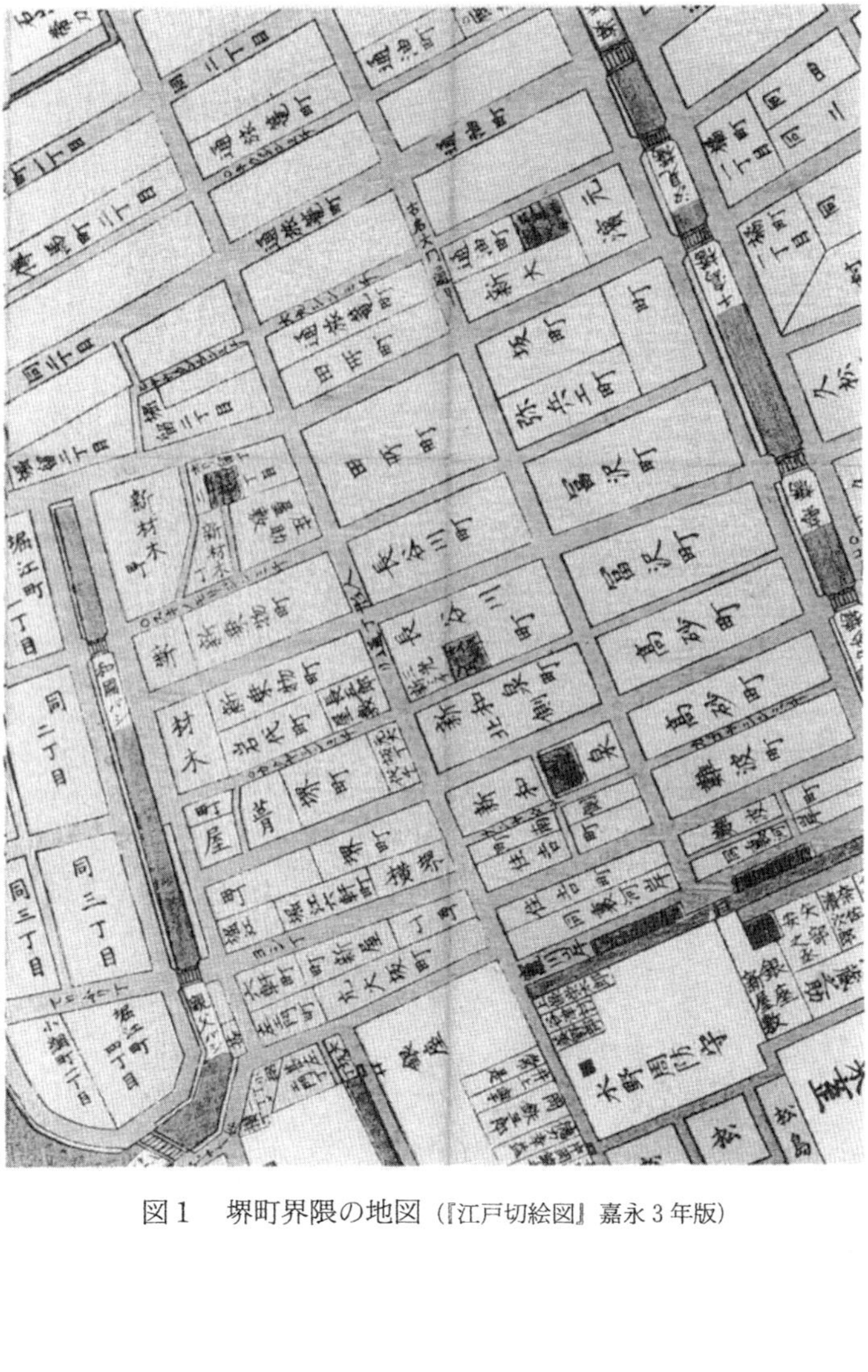

図1　堺町界隈の地図（『江戸切絵図』嘉永3年版）

蔵の蓋とりあへずかる物をなげ込しに……」という状況が描かれている。つまり火災が発生したとき、絹布類などの目方の軽い物を穴蔵に投げ込んでいたのである。

『我衣《わがころも》』に、次のような記事が紹介されている。文化三年（一八〇六）一一月一三日夜五ツ時、日本橋堺町河岸のかつら屋友九郎という者の家から火災が発生、はじめ北風だったのが西風へと変わり、歌舞伎の市村座と中村座も焼失、甚左衛門町、堀江六軒町（俗称芳町《よしちょう》）、難波町、大坂町などの周辺の町を残らず焼きつくす大火となった（図1参照）。ところが、当の火元であった友九郎の家では、土蔵の目塗りと穴蔵のフタ閉めをしっかりしていたため財産はみごとに焼け残った。怒ったのは着の身着のままで焼け出された、近所の人たちである。若者たちは友九郎の土蔵を打ちこわし、その中へ火を入れてしまった。防火効果が効きすぎたゆえの悲劇である。

金庫としての穴蔵

そして第二の機能に、金庫としての役割がある。江戸の大店《おおだな》三井越後屋の史料「永要録」には、よく「江戸穴蔵金」ということばが登場する。元来、三井両替店で「穴蔵金」といえば、秘密の保留金のことをさすといい、実際三井家には、穴蔵退蔵用の銅製千両箱が伝わっている（『三井事業史』）。また、江戸城の富士見櫓の付近にあった穴蔵も、金庫だったという言い伝えがある（岩波写真文庫『千代田城』)。武家も商人も、穴蔵を金庫として利用していたのである。

次も『我衣』から。文化二年(一八〇五)三月二九日、日本橋茅場町の石橋という裕福な家に盗賊がはいった。土蔵の屋根をこわし、板を切り、木綿を綱にして降り、積んであった銭を取りのけ、穴蔵の格子をはずして中へはいり、金八五〇両を盗んでいった。穴蔵が金庫として利用されていたことを、盗賊は百も承知だったのである。

また、幕末期江戸市中を騒がせていた薩摩藩の浪士たちは、徒党を組んで裕福な家へ押し入り、軍資金と称して金品をしばしば盗んでいた。『薩邸事件略記』によると、ある夜数名の浪士が両替商の大店、播磨屋中井家に押し入った。彼らは道すがら唐物屋《からものや》に押し入って、数十丁の六連発短銃を強奪してきたため、播磨屋の人たちは恐ろしくてなすすべもない。浪士たちは店員たちに、勤王の何たるかを知らないのは大罪だと説教したあげく、丁稚《でっち》らに穴蔵まで案内させ、金一万八〇〇〇両を奪い去っていった(港区編『三田と芝その1』)。

『藤岡屋日記』にも嘉永三年(一八五〇)の「珍話」の項に、次のようなはなしが紹介されている。芝愛宕下にある、伊予松山藩一五万石の松平隠岐守の屋敷は、もとは安芸広島藩四九万八〇〇〇石の福島正則《まさのり》の屋敷で、元和五年(一六一九)に正則が一時除封されたときに、松平隠岐守へ下されたのである。その後この屋敷は明暦三年（一六五七）の明暦の大火のときも、明和九年（安永元＝一七七二）の目黒行人坂《ぎょうにんざか》の大火のときも類焼をまぬがれたが、この年の二月五日の火災ではじめて焼けてしまった。そこで焼け跡のかたづけをしていたところ、古い穴蔵が出てきて、中に慶長金三〇万両が眠っており、これは福島正則の軍用金にちがいない、といううわさが流れた。しかし実際は、この屋敷内にあった八棟の土蔵のうち、金蔵を含む五棟が焼け落ちたものの、金蔵の地下に「二重穴蔵」なるものをこしらえてあったので、穴蔵に保管してあった金は無事で、それが掘り出されただけのことであった。金額も慶長金一万二〇〇〇両しかなかった。

この話で注目すべきは、うわさの舞台が福島家の屋敷だったことである。先に穴蔵の成立年代について述べたが、その嚆矢《こうし》とされていたのが、ほかならぬ元福島家の浪人、和泉屋九左衛門その人である。福島正則はもともと豊臣秀吉お気に入りの家臣であったが、関ヶ原の戦いで徳川方につき、以来家康の家臣となるが、旧豊臣派ということで幕府から警戒され、除封ののち蟄居《ちっきょ》させられた信濃で、失意のうちにその生涯を閉じるのである。したがってひそかに軍用金をため込み、自分を警戒する幕府に反旗をひるがえそうと画策、準備していたところ除封になった、という憶測が流れても不思議ではない。そこで先にも述べた三井両替店の例のように、軍用金＝秘密の保留金＝穴蔵の達人、という図式が成り立ったのではないだろうか。福島家と穴蔵には、こういう因果関係がありえたのだ。

このように秘密の金を穴蔵に隠すという発想は、ほかの事例からもうかがうことができる。銭の高騰に悩まされていた明和元年（一七六四）閏一二月、この状態を緩和しようと惣年番寄合が評議を行い、売り溜め銭を囲い置いたりせずに売り払うよう諸商売人たちへ奨励し、銭を隠していないか土蔵や穴蔵などまで調査すべきか、奉行所に問い合わせている（『江戸町触集成』第六巻）。もっともこの事例では土蔵も同様の扱いであるが、川柳にも「穴ぐらにゆるんのたまる金を持チ」（明和三年・智1）と詠まれているところをみると、やはり子細ありげな金の隠し場所として、暗くじめじめとした穴蔵がふさわしかったということであろうか。

二人を隠す寺の穴蔵

長崎の町年寄時代の高島秋帆《しゅうはん》も、実は穴蔵の愛用者であった。「羽倉外記」によると、秋帆はどうしたわけかはなはだしく雷を恐れ、穴蔵に二重の石櫃《いしびつ》をつくり、雷鳴が響くと必ずその中に避難していたという。ところが雷の激しいある日、奉行から急な呼び出しがあり、怖さを押して役所へ出かけたところ、留守中にその穴蔵目がけて雷が落ち、石櫃は砕け散ってしまった。この一件で秋帆は精神一転して、雷を恐れなくなったという（『日本古書通信』第七五七号）。

このように、穴蔵に人が隠れるはなしはかなり多いのである。天保一二年（一八四一）に完結をみる、曲亭馬琴の大著『南総里見八犬伝』にも、穴蔵が隠れ家として描かれている。八犬士のメンバーである犬川荘介と犬田小文吾が、長尾景春の母に命を狙われた際、長尾家の執事稲戸津衛由充《いなのとつもりよりみつ》に助けられる場面である。

（前略）そもそも由充の家廟の下壇には、一間四方の板だたみがある。またその下には土窖（＝穴蔵）があり、深さは六尺ばかりである。枠を重ねてつくってあるので、ちっとも水気の入ることはない。これは急な火災の発生したとき、仏器を納めるための施設であるため、通常は開けないので、外から来る者はもとより、妻子のほかは使用人さえもこの存在を知る者は稀である。

それはさておき、由充は夜になるころ、丑三《うしみつ》のころあいに一族すべてが熟睡しているのを確認して、ひそかに例の板だたみを押しあげてとり除き、框《かまち》をトントンと叩けば、合図に応じて土窖から梯子《はしご》を登り、二人の若者が現われた。これこそ誰あろう、犬川荘介と犬田小文吾であった。（以下略）

このように由充は、ふだんは防火用に設置してあった穴蔵に、二人の若者をかくまうの

図２　安政大地震で穴蔵に逃げ込む遊女たち（『安政見聞誌』）

である。寺院についても『武玉川《むたまがわ》』に、「二人を隠す寺の穴蔵」という句がある。

ところで、江戸では吉原以外の遊廓営業が禁止されていたが、岡場所のようにモグリで遊廓経営をする者も多かった。日ごろはだいたい見てみぬふりでめこぼしされていたが、たまに営業妨害を訴える吉原遊廓経営者の圧力におされ、不法就労を取り締まるべく、一斉検挙が行われたのである。これを「けいどう（怪動・警動などと書く）」といい、岡場所の経営者は穴蔵をつくり、抱えている遊女をその中にうまく隠してその場を取り繕おうと、奮闘していたのである。「穴蔵ハけいどをくわぬ御用心」（寛政二年・雲鼓11）とは、そうした事情を詠んだ川柳である。

しかし一方の吉原遊廓にも穴蔵が設置されており、これが安政二年（一八五五）の安政大地震の際、明暗を分けることとなる（図2参照）。谷木屋では、ひとりの遊女が二階から下りようとしていたとき梯子が揺れ、あやまって穴蔵の中へ落ちてしまった。上がろうとしたときにはすでに家は潰れかかり、引き窓が穴蔵の上に倒れてきた。その直後家に火が移ったため、外に出るに出られず、しばらく穴蔵の底で熱さをこらえていたが、引き窓のおかげで酸欠もおこさず、無事助かった。しかし三浦屋吉右衛門は、夫婦、遊女ともども避難しようと台所の穴蔵に入り、そのため圧死は避けられたものの、煙に巻かれて全員が死亡してしまった（東京都編『安政地震災害誌』）。

このように、穴蔵はしばしば人間自身の身の置きどころとしても利用されていた。川柳には「穴蔵で下女を四角に追ひ廻し」（宝暦一一年・義2）という句もあり、穴蔵にはアブナイ使い道もあったようだ。

穴蔵で味噌を擂る!?

穴蔵にはまだまだいろいろな使い方がある。そのひとつは収納施設としての役割で、宝永三年（一七〇六）撰という作者不明の『塵滴問答』には、近年町屋の住宅がむやみと多く、空き地が少ないため、または火を防ぐのに堅固だからといって、穴蔵というものが多くできた、と述べられている。「土一升金一升」といわれる江戸では、現代同様大邸宅を構えるなど庶民にとっては夢のまた夢、結局収納施設を地下につくらざるをえなくなるという状況は、容易に察しがつく。また大店でも、業務上の都合から穴蔵を収納施設として活用しており、三井越後屋の江戸本店では、代物《しろもの》（商品のこと）、着物・夜具・諸道具などを穴蔵に納めていた。そして浅草寺でも、観音堂台座の下の穴蔵に、昔からの秘宝三点が保管されていたと、文政六年（一八二三）十方菴著『遊歴雑記』に記されている。

また松平定信は、晩年に記した『退閑雑記』の中で、染め革の干し方について説明しているが、まず干すときにはヤニのある松材で薄くいぶし、わらですすけさせ、一夜穴蔵などの中にいれ湿りをかけて、その翌日揉むのだと述べている。つまり穴蔵の湿気を利用しているのである。安永期（一七七二〜八〇年）ごろから寛政期（一七八九〜一八〇〇年）ごろにかけて記された、津村淙庵著『譚海《たんかい》』にも「植木の室は、水気なき穴蔵ならではあしし」と記されており、また後述するが、穴蔵は植木用の温室としても使われ、日常生活にうまく適応していたことがわかる。

さらにこの『譚海』によると、品川にあった筑後久留米藩二一万石、有馬家下屋敷の穴蔵も個性的だったようだ。有馬侯は役者をときどき招いては、終夜奥の間で芝居・狂言を上演させていたが、この屋敷には役者を奥の間に通すための特別な通路が設置されていたのである。それは、表の内玄関のそばにある穴蔵に入ると、奥の舞台へ直結する地下道が続くという、まるで秘密の抜け穴さながらのつくりであったという。

そして穴蔵の究極の利用法は、クーラーである。宝暦〜天明期（一七五一〜八八年）の俳諧集『武玉川』には、「此世の風のかわる穴蔵」「進んで這入る夏の穴蔵」「穴蔵を出てもとの六月」などと、穴蔵の涼しい様子が詠まれている。もっとも換気は悪かったようで、『天保雑記』によると天保一一年（一八四〇）七月、南伝馬町三丁目の桐油屋源七宅の穴蔵で、酸欠と思われる死亡事故も発生している。

なお、十返舎一九が享和二年（一八〇二）から刊行をはじめた『東海道中膝栗毛』には、ご存じ弥次さんが女商人をからかっている場面に穴蔵が登場する。女商人の売っているすりこ木が細すぎるとケチをつけた弥次さんが「わっちらが所じゃア、なんでも材木のやうな、そして四角なすりこ木でなくちゃア、間にあはねへ」というと、すかさず女商人は、四角いすりこ木で摺るのなら擂《す》り鉢も四角いのでしょうね、と突っ込む。そこで弥次さんが「そふとも〳〵。おいらが所じゃア、穴蔵でみそをする」と言い返しているのだが、いくら便利な穴蔵といえども、擂り鉢として利用するのは無理というものである。

意外な「落とし穴」

このように穴蔵は、防火倉庫にも金庫にも、また隠れ家にもなる、たいへん便利な施設である。しかしそんな便利な穴蔵にも、意外な落とし穴があった。落下事故の発生である。落語「穴どろ」の泥棒でさえ穴蔵に落ちるくらいだから、とくに子どもにとっては命取りとなる。『武玉川』にも、「母のきけんの響く穴蔵」という句が載せられているように、実際死亡事例が報告されている。

これは、南伝馬町名主高野家の記録『日記言上之控』に記されている、元禄一六年（一七〇三）五月八日の出来事である。京橋松川町一丁目の大家《おおや》喜右衛門が、自分の管理する表側の空《あ》き店《だな》を掃除しようと、裏口からはいって中を覗いてみたところ、穴蔵に水がたまり、その中に六〜七歳くらいの男の子の死骸を発見した。さっそく町役人に知らせ、死体を引き上げたところ、死後四〜五〇日ほどたっている。ちょうど仁兵衛店権右衛門の七歳になるせがれの松三郎が、三月一七日から行方不明になっていたので、両親が呼ばれることとなった。しかし、遺体は顔かたちの見分けもつかない状態で、衣類も黒く朽ち果てており、親としてはわが子とは認めたくない。ほかに該当者も見当たらず、結局遺体は千住小塚原にある、回向院《えこう》の下屋敷に葬られることとなった。

また、初代市川団十郎の「願文」にも、同様の事故の顚末が記されている（加賀佳子ほか「初代団十郎の願文—解題と翻刻—」）。元禄九年（一六九六）三月二五日四ツすぎ、元奉公人定助が初代の家にあわただしく走り込んできた。三歳になる一人娘がたった今穴蔵に落ち危篤なので、薬をわけてほしいと涙ながらに訴えたのである。そこで初代をはじめ周囲の人びとも大騒ぎで、薬や医者、鍼灸《はりきゅう》などを手配するが、手当も虚しく、ついに息を引き取った。定助の娘は古い穴蔵にたまった腐り水の中に落ち、溺れ死んだのである。

一方、穴蔵自体が崩れ落ちる事故もおきている。『藤岡屋日記』によると天保一一年（一八四〇）四月二六日夜五ツ半時すぎ、本郷元町の麴《こうじ》渡世、花屋六兵衛宅で穴蔵が急に崩れ、土蔵とともに住居が穴蔵の中に落ち込み、一人が即死、四人が怪我をしたという。もっとも、ここでいう穴蔵はおそらく麴室《むろ》のことで、穴蔵よりはだいぶ弱いつくりだったと考えられる。しかし、寛政～文化にかけて町奉行を勤めた根岸鎮衛《やすもり》は自著『耳嚢《みみぶくろ》』に、文化二年（一八〇五）のはなしとして、ある屋敷の庭からある日突然煙が上がって地面が崩れ、掘り返してみると古い穴蔵と思われる、六畳ほどの白壁の小部屋が現れたと記している。このとき被害者は出なかったが、廃棄され忘れ去られた穴蔵は、地雷のようなものである。穴蔵は時としてまさに危険な「落とし穴」と化し、容赦なく人びとの命を奪っていったのである。

掘り出された穴蔵

穴蔵の成立過程もわかった、機能もわかった、でもまだなんとなくイメージがわかない、というのが、ここまで読み進めてきた読者の感想ではないだろうか。それというのも、本書では穴蔵について「地下に設けられた倉庫」と述べただけで、まだその具体的な形態を示していなかったからだ。

多様な形態

まず、三井越後屋でつくられていた穴蔵や、俳諧などに登場してくる穴蔵から、つまりあくまでも文献史料のみに基づいて類推すると、材木あるいは切り石を底面と四方の壁とで桝《ます》のように組み、角に出入り口のある天井がその上についている、という形態になる。

しかし、近年盛んに発掘されている江戸時代の遺跡からは、こうした定義には当てはまらないが、穴蔵と解釈するのが妥当と思われる地下式遺構が、数多く検出されているのである。穴蔵の細かい形態は、すでにいろいろな報告書により明らかにされている。

たとえば、武家屋敷跡の市谷仲之町遺跡（新宿区市谷仲之町四丁目）や、町屋と武家屋敷にまたがる四谷三丁目遺跡（同区四谷三丁目）からは、アーチ状の天井を持つ穴蔵が検出されているし、武家屋敷跡の和田倉遺跡（千代田区皇居外苑）からは、南北方向に長い長方形の穴蔵が見つかっている。やはり武家屋敷跡である龍岡町遺跡（文京区湯島四丁目）や、大名藩邸の遺跡で、龍岡町遺跡のごく近くにある旧岩崎邸住居所在遺跡（台東区池之端一丁目）からは、袋状の穴蔵が検出された。

これらのすべてが穴蔵とよべるかどうかは検討の余地が残るものの、各地点から、実に多種多様な形態の事例が報告されているのである。

半地下式の穴蔵　次の図3・4は、現在新宿区住吉町社会教育会館の建つ、同町五一番地所在の住吉町遺跡から検出された、階段付きの半地下式穴蔵の遺構である。新宿区遺跡調査会編の報告書『住吉町遺跡』によると、この遺跡周辺には延宝年間（一六七三〜八一年）から幕末にかけて、御先手組の与力・同心たちの組屋敷が置かれていたという。彼らの禄高は与力で八〇俵、同心で三〇俵三人扶持から一五俵二人扶持ま

図3　住吉町遺跡第99号遺構完掘（新宿区立新宿歴史博物館蔵）

図4　住吉町遺跡第30号遺構（地下室）（新宿区立新宿歴史博物館）

でで、いずれも御家人に属する下級武士であった。

この遺構全体の規模は、長軸約三メートル、短軸約一・五メートル、確認できる地表面からの深さは約〇・七メートルで、長方形の部屋部分は奥行二メートル、幅約一・五メートルという（前同書）。台地に所在する遺跡では木製品が溶けてしまい、ほとんど残ることがないといわれており、この遺構からも材木片は検出されていない。しかし、ここからは和釘が検出されているので、内壁が材木で覆われていたとも考えられる。

また、文京区本郷七丁目にある本富士町遺跡からも、南北七尺五寸の方形の半地下式穴蔵の遺構が検出されている。この遺構には、柱の跡も二か所残っていた。この地点は加賀藩前田家の藩邸の一部で、上屋敷として使われるようになってからは、下級武士の長屋が置かれていたといい、天井の一部には、盛り土していない本来の地表面である地山《じやま》が利用されている（文京区遺跡調査会『本富士町遺跡』）。

このような半地下式の穴蔵の場合、当然上屋があったはずであるが、残念ながらこの実態がほとんどわからない。元禄一一年（一六九八）に、日本橋通三丁目代地家持治兵衛という人物から南町奉行に対して、「家前穴蔵之願」が出されている。この願書によると、家の前に一間×九尺の穴蔵をつくることになっており、家屋からは完全に独立した施設であったことがわかる。おそらく、これは半地下式の穴蔵だったのではないだろうか。なお、こうした穴蔵を設置する場合、独立施設とみなされていたためか、町奉行や町役人の監督下に置かれていたという事実も、注目されよう。

天井・階段付きの素掘りの穴蔵

先にも述べた住吉町遺跡からは、天井と階段のついた、素掘りの穴蔵もいくつか検出されている。この報告書によれば、この遺構が一八世紀末から一九世紀前期にかけてのものであることが、出土遺物から推定されるという。全体のサイズは長軸約四・二メートル、短軸約二・一メートル、発掘したときに確認できた地表面空の深さは約二・三メートルで、部屋に当たる部分はほぼ正方形であるという。また床面から天井間での高さは、推定で最大で約一・六メートル前後という。階段部分は長さ二・六メートル、幅〇・八メートルで、部屋部分の西壁に直交して設置されており、確認できた七段のうち、二段が部屋部分に突き出している。栩木真氏によると、こうした天井と階段のついている素掘りの穴蔵は、文京区の動坂遺跡・真砂遺跡・東京大学本郷構内遺跡、新宿区の北山伏町遺跡・南町遺跡などからも検出されているという（前同書「地下室再考」）。また、天井の有無は未確認ながら、千代田区の尾張藩麹町邸跡遺跡からは、半時計まわりのらせん階段が一八段もついた穴蔵が見つかっている。

ところで同氏は、この形態の穴蔵は素掘りの天井を持つため、関東ローム層が厚く堆積した台地でなければつくれないが、ローム層は乾燥すると壊れやすいため、壁面をきれいに整え水分の蒸発を防いだり、天井の強度を保つため、外気にさらされ乾燥しやすい入口は階段から横方向に出入りするように設置されたと指摘する。さらに穴蔵の深さの上限は天井の強度で、下限は地下水位や土質できまり、浅いものでも三メートル、深いものでは四メートルに達するが、そのままでは火災発生時に荷物を運び入れることは難しいため、天井の高い耐火性のある上屋が穴蔵の上に設けられていたという。そして穴蔵の形態は時代によって移り変わり、徐々に素掘りの天井がなくなり、穴蔵の深さも浅くなり、やがて階段もなくなっていく。この形態の多くは、一八世紀後半にはつくられることが少なくなり、世紀末には廃絶しているという（前同書「地下室再考」）。

梯子と階段

こうしてみてくると、文献史料あるいは絵画資料に記録されている穴蔵と、発掘調査の結果検出された穴蔵とでは、イメージが違ってくる。一時期階段つきの穴蔵と、階段のない穴蔵が併用されていたにもかかわらず、文献史料や絵画資料には、階段に関する記述がみられないのである。

たとえば落語の「穴どろ」。このストーリーを簡単に説明すると、ある大晦日の夜、とある大店《おおだな》に泥棒が入り、穴蔵へ落ちる。穴蔵の中へ下りていって捕えなければならないが、泥棒相手のことなので奉公人も怖じ気づく。そこで大店の主は奉公人に「下りれば一両やろう」といいだし、下りろ、下りないの交渉の末、ついに三両にまで跳ね上がる。すると泥棒がいう。「なに？　三両ならばおれが出ていく」。この噺《はなし》は、穴蔵に階段があったのでは成り立たないことになる。また、『武玉川』『誹風柳多留』『古川柳』のいずれにも収録されている句に「穴蔵の梯子《はしご》を引いてあやまらせ」というのもみられる。とかく穴蔵の梯子はネタにされているのだ。

こうした文芸作品の舞台となっている場所が、関東ローム層とは無縁の、階段をつくるには地盤がやわらかすぎる江戸の低地部分であったかどうか、確認のしようもないが、いずれにせよ階段のつけられていた形跡はまったく見られない。

一方の絵画資料では、前節で取りあげた安政の大地震（一八五五年）の悲劇を記した仮名垣魯文著『安政見聞誌』の挿絵には、梯子がしっかり描かれている。そして中国の文物が色濃く反映され、いかにも田舎の貯蔵庫風に描かれてはいるものの、正徳三年（一七一三）に刊行された、寺島良安編『和漢三才図会《わかんさんさいずえ》』にも、梯子が登場しているのである。

ただし、こうした資料のほとんどは町人にかかわるものである。一方、江戸面積の約七

図5　梯子の図
(寺島良安編『和漢三才図会』)

図6　麻布本村町町屋跡遺跡35号遺構 (港区教育委員会提供)

〇％にあたる部分が、「武家地」とよばれる武家屋敷のあった地域といわれており、現在調査の主流となっている、開発にともなう緊急発掘の場合、確率でいうと必然的に武家地の発掘事例が多くなってしまう。いくら階段つきの穴蔵の発掘事例が多いからといって、そこに武士と町人という差が生じてしまうことは否めない。そこで江戸時代、「町人地」とよばれる町人の居住していた地域だった、港区南麻布三丁目の麻布本村町町屋跡遺跡の穴蔵を調べてみた。

実際この地点にどういう人が住んでいたか、具体的にわからないのが難点ではあるが、一九世紀にはゴミ穴に転用されてしまう「天井を持つ地下室あるいは穴蔵と思われる遺構」からは、図6のようにくっきりと階段の跡が検出されている（『港区文化財調査集録』第一集）。この遺跡にはこれ以外にも階段つきの穴蔵が確認されており、このことから町人地にも、文献史料にはあまり登場例のない階段つきの穴蔵がつくられていたことがわかる。

しかし、穴蔵を金庫として利用していた多くの商人は、防犯上の理由からあえて階段をつけなかったのではないだろうか。階段などつけていたら、泥棒に入ってくれといわんばかりである。武家屋敷より警備の手薄な商家の自衛策として、穴蔵の梯子をはずしておくことが、最も安直な泥棒対策であったと考えられる。

穴蔵以外の穴

以上のように、発掘事例としては四角いもの、アーチ状のもの、階段を持つもの、持たないものと、文献史料からくるイメージをはるかに越える多彩な形態の穴蔵事例が報告されているわけだが、これらは報告書の中で「地下式土坑」あるいは「地下室」「穴蔵と思われる遺構」などと表現されている。が、これはズバリ「穴蔵である」、という断定を避けるにはそれなりの理由がある。上・下水道をはじめとして、江戸では穴蔵以外にも地下利用がさかんに行われていたため、この穴がなんの穴なのか、断定しがたい場合もしばしばありうるのである。

まず麴室《むろ》。これは文献史料でもたまに穴蔵と表現されるが、麴室のみられる遺跡としては、千代田区麴町六丁目遺跡があげられる。この地点は、寛永一四年（一六三七）以降尾張藩邸となるが、同遺跡調査会ほか編の報告書『麴町六丁目遺跡』によると、藩邸拝領以前の町屋跡から、中央部分に四角い竪穴があり、それぞれの辺から横穴が伸び、台形の小部屋へつながっている麴室が検出されたという（図7参照）。まさに「麴」町である。そしてこの遺跡にほど近い、同区紀尾井町六丁目に所在する尾張藩麴町邸跡遺跡からも、きれいな麴室の遺構が検出されている。もちろん、この遺跡も江戸時代は、麴町六丁目遺跡

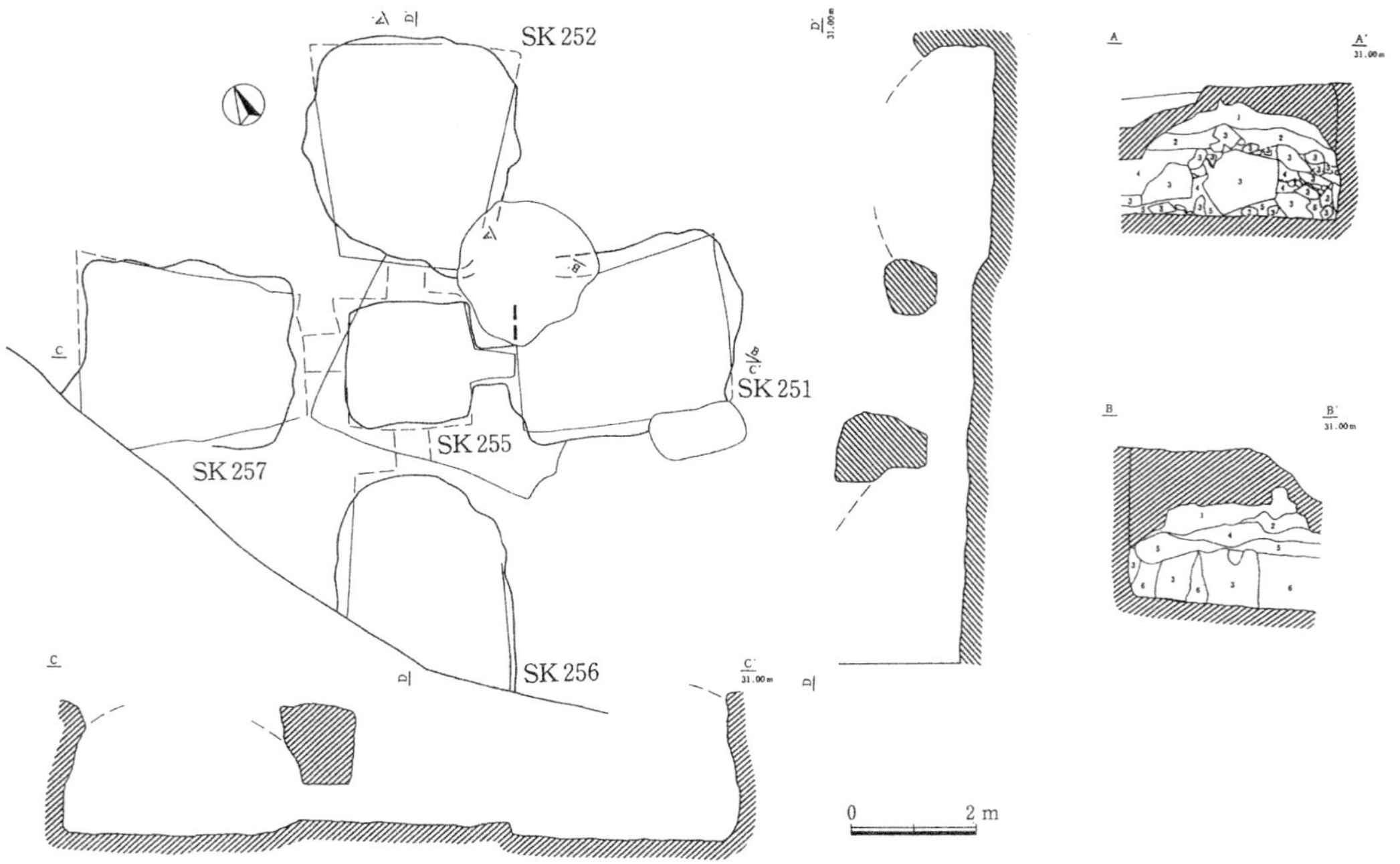

図７　尾張藩麹町邸跡 SK255 実測図（紀尾井町６－18遺跡調査会ほか編『尾張藩麹町邸跡』）

と地続きの尾張藩邸の一部で、検出された麹室も同様に、藩邸拝領以前の町屋のものである（紀尾井町6－18遺跡調査会ほか編『尾張藩麹町邸跡』）。

また、文京区の湯島・本郷・御茶ノ水あたりにも麹室が多く、維新間もない明治六年（一八七三）の記録では、湯島に二〇か所、本郷に一四か所、四谷に二か所、市ヶ谷・駒込に一か所ずつ、麹室・味噌室《むろ》の存在が記されている（『東京市史稿』市街篇第五五）。安政の大地震（一八五五年）では、本郷界隈の麹室の被害が大きく、本郷新町家の麹屋九軒が潰れ、そのうち三河屋彦兵衛は長七住居の麹室へ落ち、丸山菊坂町では四軒が潰れ、伊勢屋次郎兵衛宅では家ごと麹室に落ち込んだという（『東京市史稿』変災篇第二）。

麹室同様、地下室を必要とする商売がもうひとつある。それは植木屋である。ソメイヨシノを筆頭に、植木の里として知られる豊島区駒込の染井遺跡からは、土器の植木鉢などのほか、寒さに弱い植物を保護するために用いた地下式温室と思われる遺構が数基、検出されている。そのうちのひとつは、南北に四・六メートル、東西に三・五メートル、深さ一・七メートルで、天井は土ではなかったらしく、そして地下室の中央には階段があり、内部は三部屋に分かれていた（豊島区教育委員会『染井遺跡の発掘調査』）。

一方、規模は違うが、インドの石窟寺院よろしく信仰の聖地として地下が利用されていた事例も報告されている。東京都目黒区中目黒二丁目の目黒新富士遺跡がそれだ。目黒新富士とは、江戸時代の探検家近藤重蔵《じゅうぞう》の屋敷地内に建てられた富士塚で、ここをめぐって息子富蔵が隣人殺傷事件を起こしたはなしは有名である。さて、この遺構には階段が設けられており、その地下からは奥行六㍍の横穴の奥につくられていた祠が検出された。さらにその真下から石づくりの大日如来座像が発見され、富士塚と一対をなす人口胎内洞穴として注目を集めている（目黒区守屋教育会館郷土資料室『新富士遺跡と富士講』）。

このように、江戸の人びとはさかんに地下を利用し、生活の一部として取り入れていたのである。中でも穴蔵は麹室や植木用温室とちがい、職業にかかわらず、武士にも町人にも、商人にも職人にも活用されている。明治維新以降、いちはやく東京の地下開発が進んだ背景には、こうした状況が影響していたのかもしれない。

土蔵と穴蔵

土蔵の普及

燃えない町づくり

江戸では武家屋敷や一部の富商をのぞいて、住宅の多くが「焼家」といわれる耐火性のまったくない家屋であった。したがって、江戸ッ子のあきらめの良さも災いして、いったん火が出ると焼けるにまかせるしかない。唯一の類焼をくい止める方法といえば、水をかけて火を消そうとするものではなく、火の手前にある建て物を破壊し、燃えるものをなくすことによって類焼を防ごうという、いわゆる破壊消防が主流であった。もっとも、はじめから壊れやすい「焼家」だったから、江戸の町が破壊消防に適していたといえなくもないが、非生産的であるとのそしりはまぬがれまい。

そのようななか、享保四年（一七一九）二月に町中の耐火建築の実態調査が行われたが、調査にあたった町名主《まちなぬし》たちの回答は、お尋ねのような耐火構造を持つ家屋はない、というものであった。しかも彼らの意識の中には、大火を防ぐ対策として人海戦術しか想定されていなかったのである。

そこで翌五年（一七二〇）四月、幕府はこれまでぜいたくを理由に庶民には禁止していた土蔵・塗屋づくりの建築を、ついに許可したのである。塗屋づくりというのは、漆喰《しっくい》の土壁で木造の主屋の外側を塗り込めたもので、その中でもとくに壁を厚くして窓や出入り口などに防火上の備えをしたものを、土蔵づくりといった。なお、ほとんどが明治期以降の建造物ではあるが、埼玉県川越市や栃木県栃木市・千葉県佐原市などの町並に、今でもその片鱗をうかがうことができる。

しかし、土蔵・塗屋づくりに改築するには費用もかかり、簡単に普及したわけではなく、幕府は地域ごとに区切って、しばしば防火建築を奨励している。享保七年（一七二二）には、まず日本橋北部から神田にかけての地域が対象となり、その後日本橋南部、四谷・市ヶ谷・牛込、麴町、小石川、湯島・本郷、下谷へと、徐々に対象範囲が拡大されていった。このころになってようやく、燃えない町づくりという発想へ転換したのである。

「土蔵をたてるには、制をきわめ地形を肝要とすべし、堅固につくりなすとも、火よけ悪ければ、火災の時詮なきものなり」。これはおりしも享保一六年（一七三一）、三宅建治によって書かれた「日本居家秘用」の一節である。土蔵はあくまでも火災に強くなければならなかったのだ。以下に、本書の要点をいくつかあげておこう。

土蔵の構造

○戸前を母屋に続けるのは悪いが、都合によりそうする場合は火よけに注意すること。

○空き地のない場所や、古い土蔵に甘んじている場合は火伏《ひぶせ》もめんを常備し、火災のときは水一斗に篩《ふる》い土一升、塩一升程度を水溜め桶に入れてかき混ぜ、もめんを浸し濡らして戸口にかけること。篩い土を前もって備えて覚悟しておくように。

○土蔵をつくるには、まずはじめに地形の間数を決め、四方の土台をすえる地を二尺ほど掘って、ジャリ砂と栗石とを混ぜ、平地と一面になるまで地突きを十分に行い、その上に石垣を築き、さらにその上に土台をすえること。

○土台石は御影石がよく、立山石なら青い物を使用すること。白い物は湿気を含み柱が腐りやすい。木を使用する場合は栗槙を使うこと。

○石垣・土台ともに外に露出すると、火災時には適さない。壁の厚さを最初にはかり、柱を土台と一面にするか、あるいは三～五寸引っこめるか、壁土で三～四寸も塗り隠すこと。
○土蔵をつくる材木は、第一は榧《かや》、第二は檜または肥松で、下等は阿須檜を使用する。
○白土は極上の物を使うこと。
○鼠壁にするには灰炭を石灰に混ぜること。冬は酒を少し加えること。
○蔵の実柱には、薩摩産のくろ松が最適で、腐りにくく、どんな重い戸前でも狂わない。
○土蔵の床は、高くしてはいけない。火災のとき手回りが遅く、諸道具を損じるので不適当である。
○土蔵は戸前のあんばいが第一なので、はじめから上級の職人にまかせること。
○鉢巻（横に一段厚く細長く土を塗った土蔵の軒下の部分）が多く出ていると、これに火がついて軒口から火が入ることがあるので、程度を考えること。
○壁の乾きが第一なので、夏ごろまでに柱立てをし、それから壁に取りかかると乾きがよく、秋陽にさらせば朽ちる心配がない。
○屋根の裏板は栂《つが》が適している。松板は適さず、乾きが悪いので板が腐ってしまう。
○扉は油煙形がよく、覆いをすること。

○窓は一重ならば、裏白が適している。銅で外開きにすると、火災にあったとき反ってしまってよくない。二重でも裏白がいい。

○息出は外開きがよく、西北に明けること。往来の不自由な場合は西北に限ることはない。

○土蔵が座敷の向かいに位置する場合、その面は鼠壁にすること。白土では目に悪いから。

○銅樋は、上の口の径を三寸五分にし、樋の長さ一間で銅目およそ一貫目から一貫二百目ほどにする。

○樋は銅樋を使用すること。槙の彫樋《ほりどい》は水の流れが悪く、早く腐る。ただし彫樋を使うときは内側に松ヤニを流し塗れば、腐りにくくなる

また、嘉永六年（一八五三）に喜田川守貞《もりさだ》が記した『守貞漫稿《もりさだまんこう》』にも、次のような記述が見える。

江戸土蔵は瓦葺である。本葺も所どころにある。また棒漆喰《しっくい》といって本葺のように平瓦を並べ、竪の目に竿のように漆喰を塗ってこしらえ、丸瓦に代用している。この棒漆喰は京坂にはない。また桟瓦葺もある。多くは屋根漆喰といって、瓦のすきまを塗

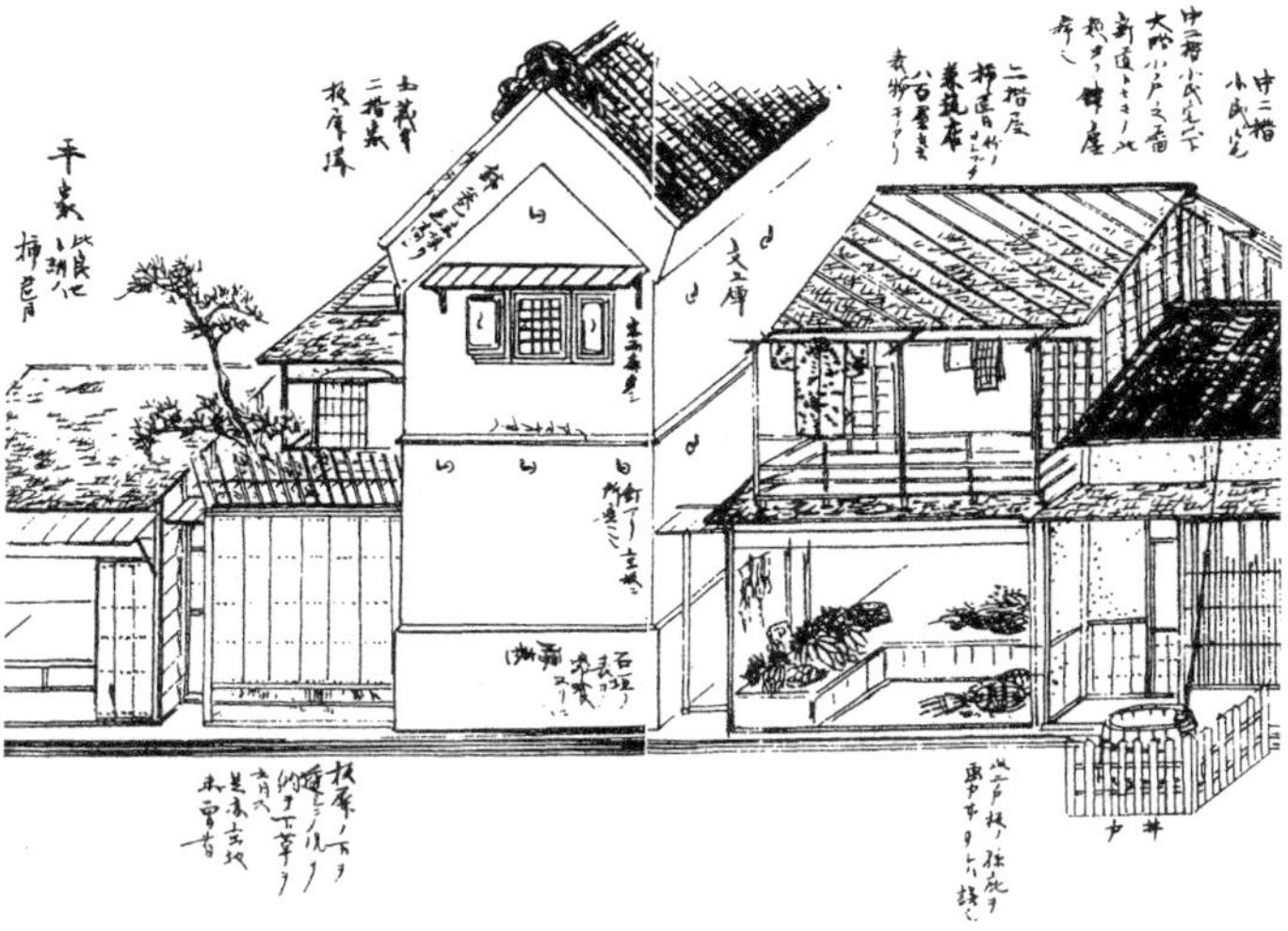

図 8　土蔵図（『守貞漫稿』）

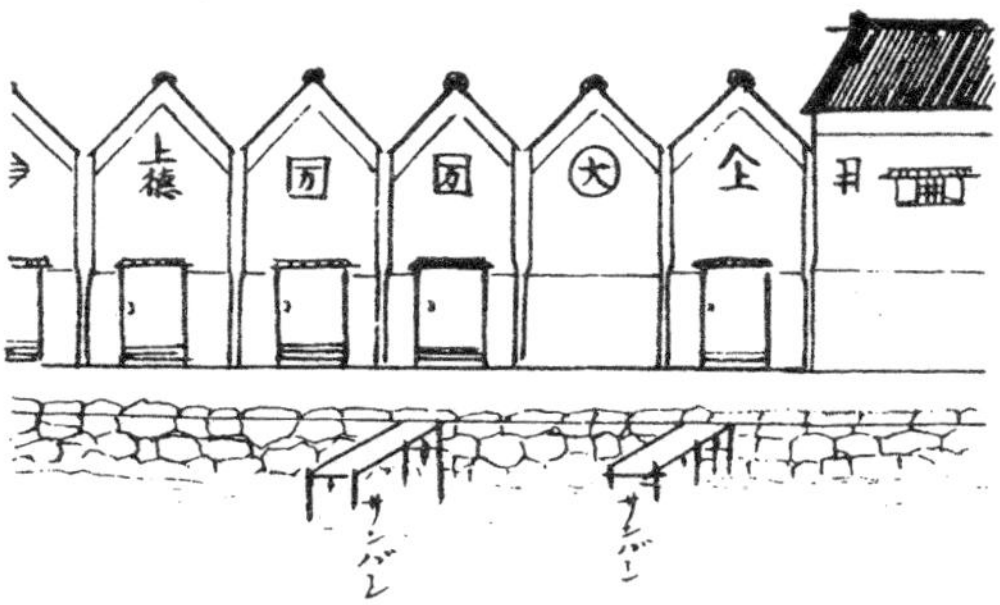

図 9　河岸蔵図（『守貞漫稿』）

る。（中略）窓はもっぱら雨扉で、これを観音開きという。まれに片扉もある。戸前は京坂と異なることはない。鉢巻ははなはだ広く、もっぱら一尺あまりあり、また形も京坂とは異なる。石垣表は漆喰塗りにし、これを腰巻という。石よりは高くする。高い物では六尺あまりあり、石の高下にはかかわらない。雨押家宅に接する土蔵は、家居の屋形に応じてつくる。みな必ず四面の所どころに、折釘を設ける屋をつなぎ、あるいは下見坂をこれにかけたり、あるいは補修などのとき、これで足代をつくる備えになる。

このように、土蔵には実にさまざまな工夫が凝らされ、より頑丈に、火災に打ち勝つことのできるよう、設計されていたことがわかる（図8参照）。江戸での土蔵の敵は、泥棒ではなく火災だったのである。

土蔵の位置

では、こうした土蔵と住居、あるいは店舗との位置関係は、どのように設定されていたのであろうか。再び『守貞漫稿』を見てみよう。

見世蔵《みせぐら》といって、町家《ちょうか》を土蔵形式にする者もいる。蓋戸前を背に開き、表はすべて開き、あるいは戸袋を残してそのあまりを開いて見世（店）とする。火災のときは土戸でこれをふさぎ、土戸の幅は各一尺五〜六寸か、あるいは二尺で、これを数個を並べてふさぐ。平日は戸袋に納めるか、あるいは便利な場所に置いておく。また庇《ひさし》上の多くは観音開きの窓が二～三開いている。まれに左右の戸袋を除き、中間を広く木格子にすることもあり、二階を座敷などに使う土蔵がそうである。火災のときは、庇下の店と同じように土戸を数個並べてふさぐ。見世土蔵には瓦庇があり、瓦庇は庇裏をも土塗りにする。また庇の深い物には庇の端に柱をつける。この柱も土塗りにする。表に板でこれを包むか、あるいは銅でも包んでいる。また瓦庇をつくらず板庇の形式もあり、あるいは瓦庇に孫庇を板にする場合もある。見世土蔵は表外面を必ず黒漆喰塗りにするか、あるいは二～三面、もしくは四面ともに黒に塗ることもある。また精製のものは黒漆のような光沢があるが、粗悪なものにはない。

つまり、土蔵は家屋の外に建てられていただけでなく、内部にも組み込まれていたのである。その方が火災が発生した場合、より迅速な対応ができることは明らかであろう。

一方、河岸端に土蔵だけがたち並ぶ風景も江戸では多く見られ、これは河岸蔵とよばれる（図9参照）。文化六年（一八〇九）に鍬形蕙斎《くわがたけいさい》が描いた「江戸一目図屛風」にも、そうした様子が克明に描かれている。消費都市江戸では、物資の輸送をおもに水上交通に頼っていたため、河岸地は物資荷揚げの最重要拠点だったのである。問屋たちが火災から荷揚げされた物資を守るには、どうしても土蔵をつくらざるをえなかったのだ。『守貞漫稿』には、「屋根妻を並ぶもの多く、平なるはまれなり。又川岸（河岸）土蔵にはもっぱら記という仮号を描けり。黒漆喰にて塗り上る也」と記されている。

土蔵の普請費用

先に見たように、土蔵にはさまざまな工夫が凝らされ、そして江戸時代中期以降の江戸の中心部では、家屋の内外にところせましと土蔵がたてられていたのである。では、こうした土蔵を普請するには、いったいいくらかかったのだろうか。三井文庫に残されている「土蔵普請諸入用調」によると、文化五年（一八〇八）の三井越後屋芝口店の場合、間口五間半、奥行三間、つまり一六・五坪の土蔵一か所を、見世南方に新規普請するにあたり、銀二九貫三八三匁が費やされている。なお同年六月の銀相場は、金一両につき銀六五匁替だったから、金に換算すれば四五二両ということになる。その内訳を見ると、

根切り人足	銀三四六匁五分
地形足場人足	銀七八八匁
真棒（心棒）二挺・地形人足	銀六貫九五〇匁
捨土台・踏上げ突固め人足など	銀九二九匁

足し石（伊豆石・多賀石など）	銀七四五匁
石屋手間手伝人足	銀九五一匁
ジャリ・古土など	銀五五六匁
松丸太	銀四三〇匁
丸太地形人足	銀一貫一九三匁六分
諸祝儀	銀二貫七八〇匁
土蔵柱（檜・松・檜葉・仙台杉など）	銀三貫七六七匁
大工・手伝人足	銀五貫八五〇匁
土蔵柱木舞等	銀一六八匁五分
土蔵屋根	銀九二三匁四分
普請場所地代	銀八三五匁
釘・鉄物代	銀七九〇匁

となっている。実際にこれらを合計すると銀二八貫三匁となり、史料に記されている数値より一貫三八〇匁少なくなるのだが、いずれにせよかなり莫大な金額にのぼることは確かである。なかでも人件費が全支出の六〇％以上を占め、最大の支出項目となっている。

またこのときにはほかにも、間口三間、奥行四間で前後に庇のついた土蔵を、仮家の北方へ一か所建て足すのに銀二貫五六〇匁四分（金約三九両一分強）、間口五間、奥行六間の仮家南方の土蔵一か所を取り払うのに銀三九七匁（金約六両）、間口六間半、奥行四間の南土蔵の修復に銀三貫五一〇匁（金五四両）等々、すべて合わせて金六〇〇両以上の金額を、芝口店の土蔵の新規普請および修復に投入しているのである。もっとも三井家といえば当代きっての大店《おおだな》であり、おそらくは最高級の土蔵を普請していたであろうことは想像に難くないので、中小資本の店の所有するような世間一般に普及していた土蔵に、これだけの費用がかかるとは思えないが、一応の目安にはなるであろう。

土蔵と穴蔵の併用——富山家の場合

江戸中期以降、土蔵が普及したからといって、けっして穴蔵がすたれてしまったわけではない。多くの場合は両者を併用し、用途によってうまく使い分けていたのである。そこでまず、国立史料館所蔵の「富山家文書」により、伊勢飯野郡射和村出身の豪商であった同家の所有していた店舗の様子から、具体的な実態を見ていきたい。富山《とみやま》家は、文禄元年（一五九二）日本橋本町に呉服店を開業して以来、伊勢や江戸だけでなく京都・上州・大坂などへも進出、両替店や油店をも開業するなど営業を拡大していった。しかし、享保期（一七一六～三六年）以降は経営不振におちいり、やがて没落してしまうが、それまでは江戸に何か所も店舗を所有している。

さてここに示した図10は、幕府によって土蔵づくり建築の奨励される五年前の正徳五年（一七一五）に作成された店舗の指図で、本店、新店ともに日本橋本町一丁目にある。まず本店の方は、間口四間半、奥行一八間五尺で、横町通りに面した土地を「伊勢屋」なる

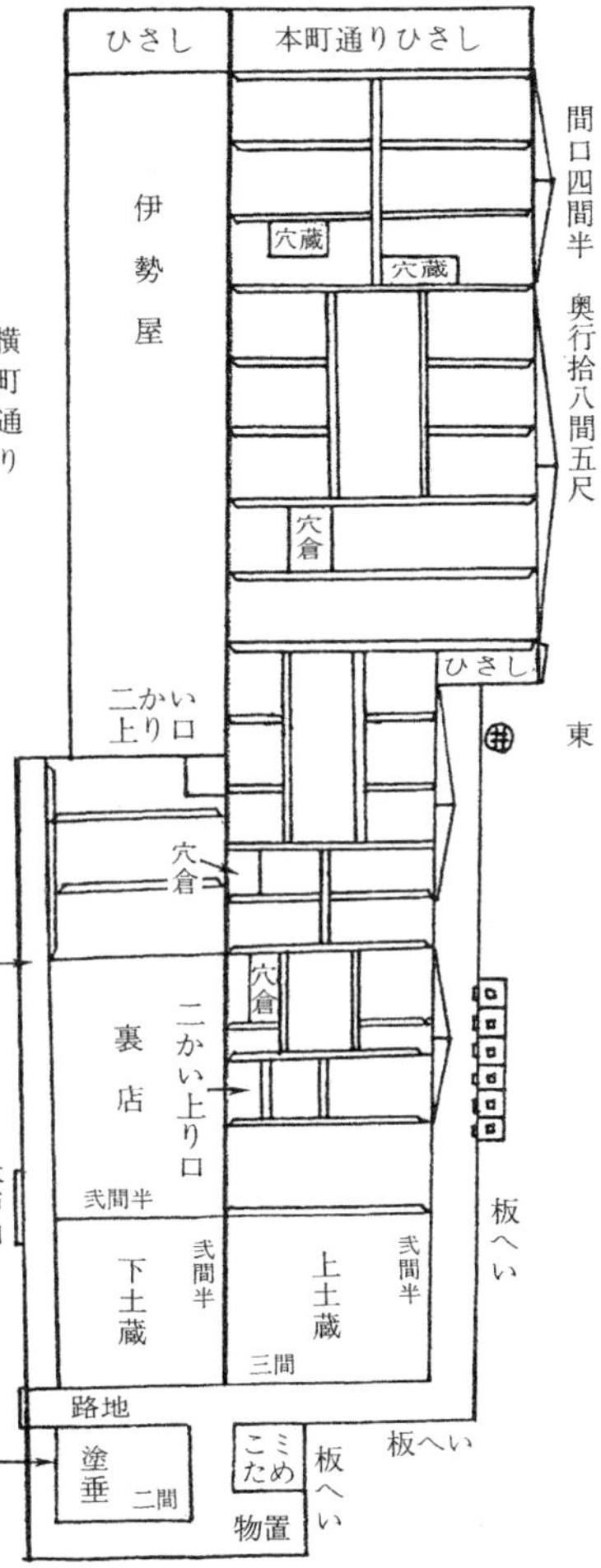

図10　富山家本店指図（国立史料館蔵「富山家文書」より作成）

商人に貸していたらしい。そして間口とは逆方向の裏坪には裏店《うらだな》があり、さらにその奥にには「上土蔵」「下土蔵」の二か所の土蔵が描かれている。一方、店舗の部分には穴蔵が五か所描かれており、この図面の注に「穴倉五ツ／表三間張り内ニ弐ツ　弐間半・二間九尺ニ弐間／次五間張り内ニ壱ツ　弐間半ニ弐間／横店前壱ツ　弐間ニ弐間半／金場ニ壱ツ九尺ニ弐間」と記されていた。

この図から解釈すれば、おそらく店舗の表の方にある二か所の穴蔵は、いざ火災というとき瞬時に商品などを投げこめるように、もしくは商品の補充を短時間で完了させるための収納庫として設置され、逆に「金場」の穴蔵は金庫として最も奥に設けられていたのではないだろうか。そして裏坪の土蔵は、あるいは賃貸《ちんが》ししていたかもしれないが、富山家自身で使用し、在庫の商品を収納していたとも考えられる。

また、間口七間、奥行二一間の新店の方も、本店と似たような土地の使い方がされている。すなわち、敷地の一部を「井筒屋」なる商人に貸し付け、裏坪には裏店が設けられ、さらにその奥に上下二か所の土蔵がたてられているのである。ただし、「下土蔵」の横の方に「此坪九坪三合三勺　弐匁六分三厘坪」と書かれているので、これは賃貸しされていたと考えられる。そして店舗の方には表に一か所、次の間に一か所、奥に二か所、裏に一か所の計五か所に穴蔵が描かれており、表の方から順に「穴倉　弐間ニ弐間半／二、穴倉　弐間ニ弐間半／三、三間ニ一丈七寸／四、弐間ニ一丈／五、穴倉　弐間ニ弐間半」という注記が付されている。

ここで気になるのは、裏の穴蔵が「二かい上り口」のすぐ脇につくられていることで、おそらく二階に上げられていた荷物の火災時の避難や、二階で使用する諸道具の収納に用

図11　富山家新店指図（国立史料館蔵「富山家文書」より作成）

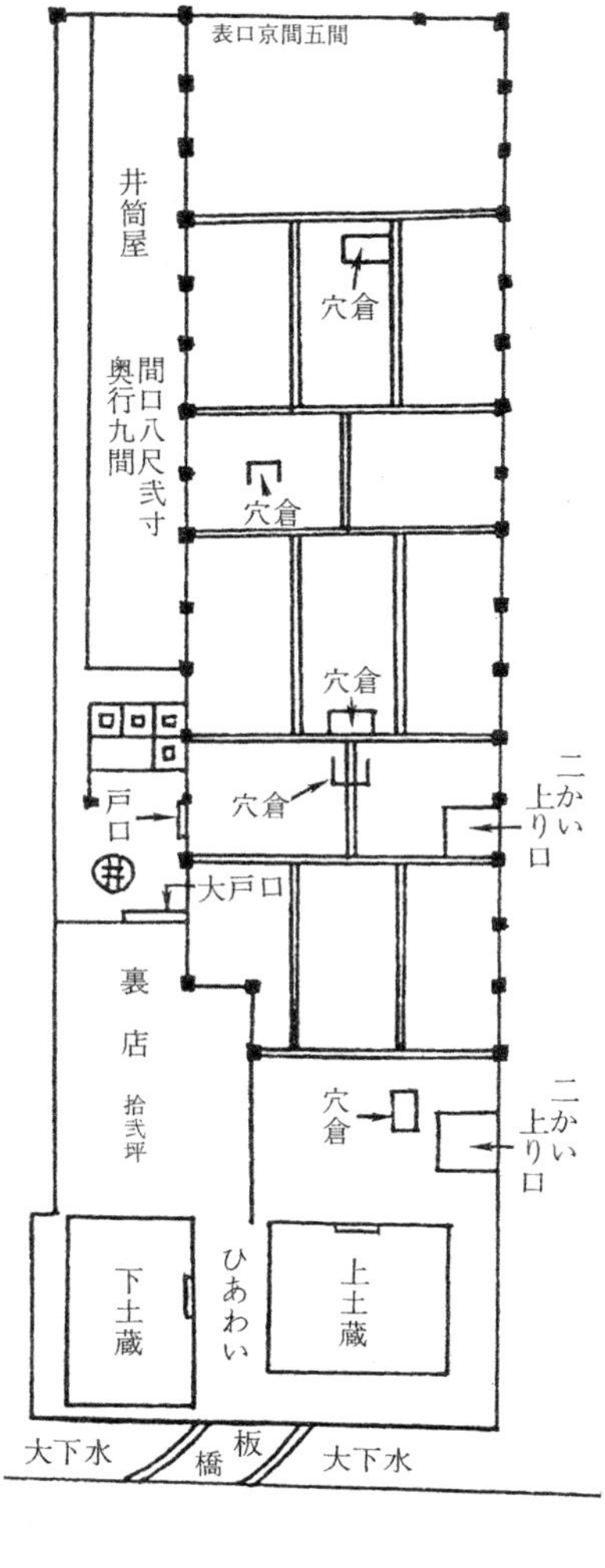

いられていたのであろう。またこの指図での描かれ方から推測すると、「上土蔵」のほうは富山家自身で使用していたと思われるので、新店においても本店同様、それぞれの用途によって、土蔵と穴蔵を使い分けていたことがわかる。

ではさらに続けて、日本橋駿河町にあった三井家江戸本店の土蔵と穴蔵の様子を、宝暦期（一七五一～六三年）ごろのものと思われる図面から見ていこう。

土蔵と穴蔵の併用
——三井家の場合

まずこの図面からは、一軒の店舗の中に一二か所もの穴蔵の存在が確認できる。1・2・4の「東見世穴蔵」「中見世穴蔵」とは、その呼称のとおり店舗の中心部に位置する穴蔵のことである。当時の記録を見ると、これらはたとえ損壊していたとしても、当然のことながらその場所がら、昼間の営業中に修復工事ができるはずもなく、本格的な修復は仕方なく正月の店卸しの時機を待って、しかも一昼夜で行っていたことがわかる。このように修復が難しかったにもかかわらず、廃棄せずに使用していたということは、その存在が本店にとって必要不可決のものであったということを、如実に物語っている。

そして奥の方には10・11・12のような「会所穴蔵」と称されていた穴蔵があり、さらにその奥には土蔵がまとまったかたちで設置されているのである。ただし、3～12の穴蔵に

《穴蔵》
1．東見世穴蔵（２間×１間半）
2．東見世穴蔵（２間×２間半）
3．中帳場穴蔵（２間×２間）
4．中見世穴蔵（２間×２間）
5．賄 方 穴 蔵（１間半×２間）
6．屋敷方穴蔵（２間×２間半）
7．中 程 穴 蔵（２間×２間半）
8．台 所 穴 蔵（２間半×２間）
9．勘定場穴蔵（２間×２間）
10．会 所 穴 蔵（２間半×２間）
11．会 所 穴 蔵（２間×２間半）
12．会 所 穴 蔵（１間半×２間）

《土蔵》
A．表土蔵（５間×３間）
B．新土蔵（３間×４間）
C．東土蔵（５間×２間半）
D．西土蔵（２間半×３間半）
E．大土蔵（４間×５間半）
F．大会所台所蔵（４間×２間半）

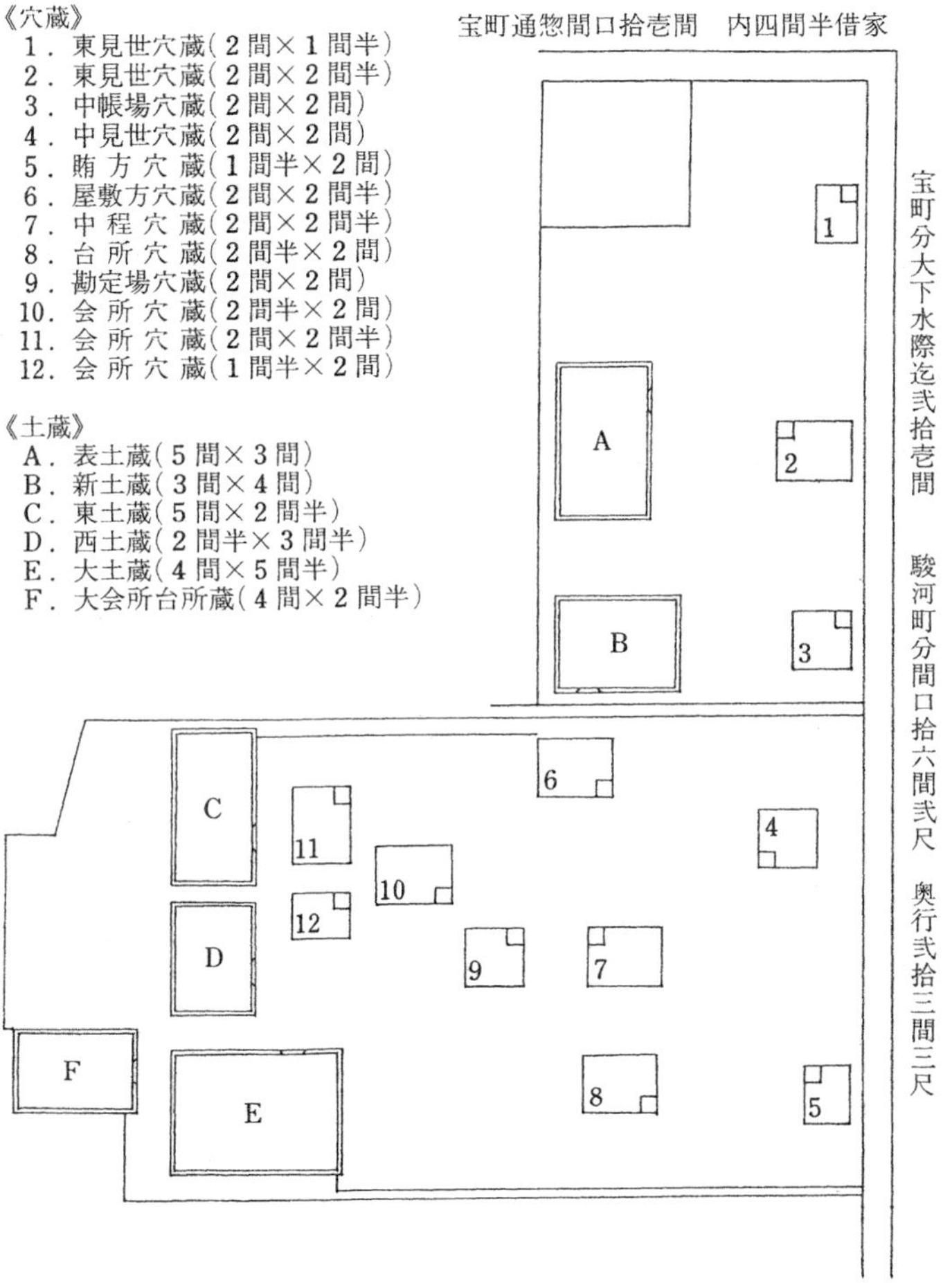

図12　三井江戸本店穴蔵土蔵位置図（三井文庫蔵「江戸本店穴蔵土蔵位置図」より作成）

は「是迄」と書き込まれているので、これだけの穴蔵が同時に使用されていたかどうかは定かでないが、少なくとも三井家本店では、土蔵と穴蔵がそれぞれの機能を持ち、併用されていたことは確かであり、このことはこれ以外の三井家の史料からも確認できる。

土蔵と穴蔵の併用
――白木屋の場合

白木屋は寛文二年（一六六二）、初代大村彦太郎が京都から江戸に進出、日本橋通二丁目に店を構えて以来、有数の呉服商として活躍する。東大経済学部文書室に保管されている、白木屋文書「永代持本家絵図面」から、大店の様子をもう一軒検証しておきたい。

この図面は享保一七年（一七三二）、日本橋にある本家の店普請の際に作成されたらしく、土蔵は一四年に残らず建て直されたと記されている。まずこの店舗は、表に「北見世」と「南見世」があり、茶の間をはさんで帳簿をつける部屋と思われる「糸物符帳庭」と「木綿符帳庭」が置かれる。さらに廊下をへだてた奥の部分には「西蔵」「大蔵」「東蔵」「南蔵」の四か所の商売用と思われる土蔵のほか、台所蔵が一か所、その隣に塗屋が設置されている。なお「大蔵」はその名のとおり、桁行六間×奥行三間半（二一坪）という巨大なものであった。そして、南北の見世それぞれに「穴蔵口」が一か所ずつ、計二か所描かれているのである。これも三井家と同じく、売り場の中央部分に位置しており、商品な

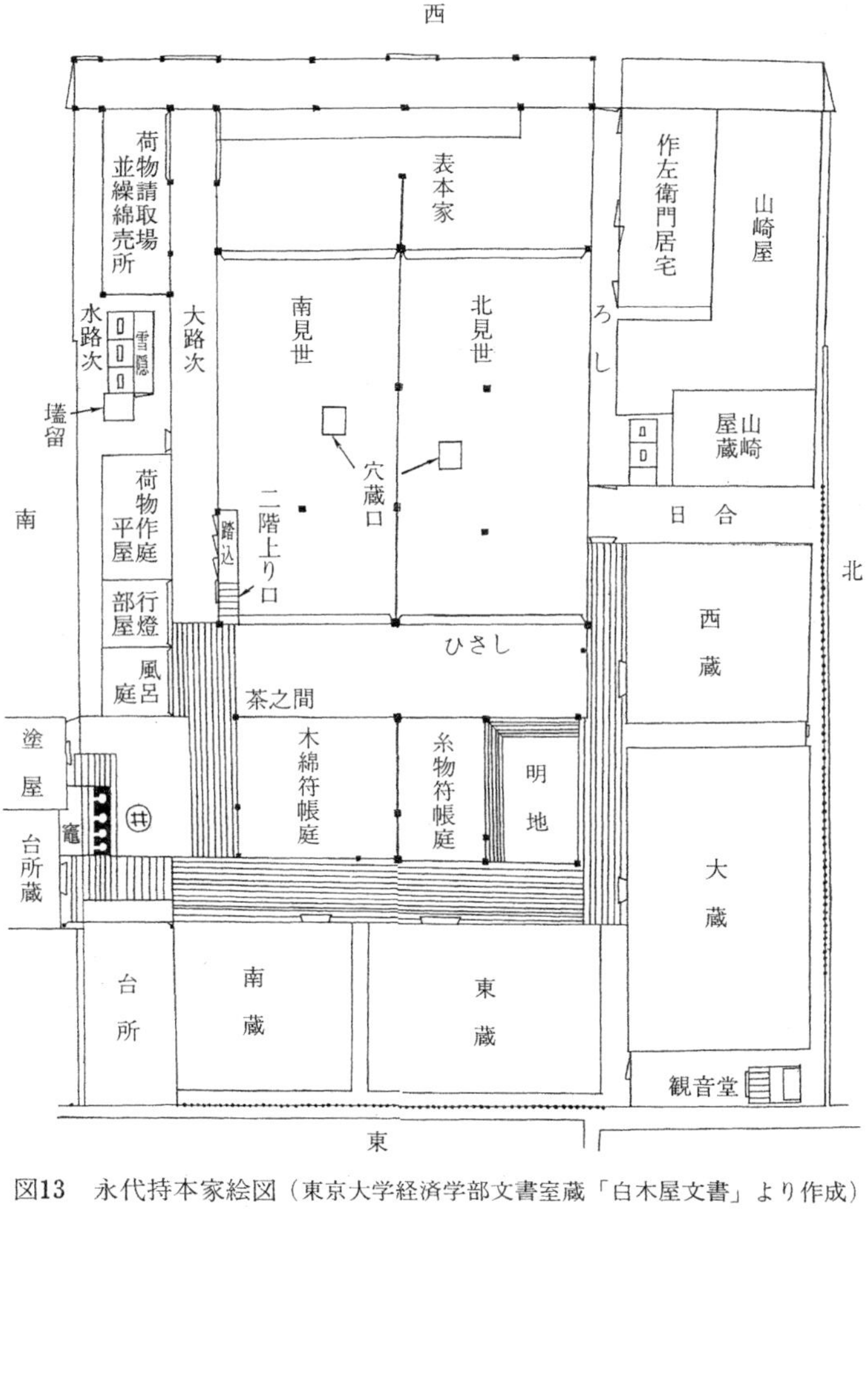

図13　永代持本家絵図（東京大学経済学部文書室蔵「白木屋文書」より作成）

どが保管されていたと考えられる。白木屋でも、これほど大きな土蔵が何棟もありながら、売り場部分に穴蔵を設けなければならなかったのである。つまり、穴蔵は単に土蔵の補助的施設として使われていたのではなく、独自の役割を担っていたといえよう。

土蔵と穴蔵の耐火性

以上みてきたように、りっぱな土蔵があってもわざわざ穴蔵を設置していた理由とはいったい何なのであろうか。やはりこれを火災と切り離して語ることはできない。前節でも若干触れているが、ここでは穴蔵の耐火性を具体的に検証してみたい。

散見する類焼記録

本島知辰は、江戸時代中期に起こったさまざまな出来事を『月堂見聞集《げつどうけんもんしゅう》』に書き残しているが、火災や地震に関しても克明な記録をとどめている。たとえば、元禄一六年（一七〇三）一一月二三日に武蔵・相模・安房・上総の諸国で発生した大地震については、「江戸土蔵の分残らず崩壊れ候、穴蔵等少々吹き出し申し候」と記している。また正徳六年（享保元年＝一七一六）一月二九日、神田豊島町より出火し幅三町、長さ六町ほどが類焼した火災についても「夜中風強く候て、土蔵穴蔵も大分焼失、人死もよほどこれあり候」と、そして同年二月一四日、日本橋通二丁目から出火し、町数にして約二四〜五町が類焼した火災に関しても「西北風強く、土蔵・穴蔵火入り、怪我人死人等これあり候由」とし、さらに享保五年（一七二〇）三月二七日に中橋箔屋町から出火して、長さ二里あまり、広さ一〇町から一五町を焼いた火災についても「西河岸木蔵、六〜七か所続き焼け申し候、日本橋東の土手蔵よほど焼け申し候、米店のほか所どころ蔵・穴蔵おびただしく焼ける也」と書き残している。

しかしこれは単に本島知辰だけが土蔵・穴蔵の焼失に注意を払っていたから記録に残っていたというわけではなく、斎藤月岑《げっしん》の著した『武江年表』にも、先にあげた元禄の大地震の項で「石垣壊れ家蔵潰れ、穴蔵揺れあげ死人おびただしく、泣き叫ぶ声街にかまびすし」と記されている。

また、文政一二年（一八二八）三月に神田佐久間町二丁目から出火し、焼死者二八〇〇人あまりを出した、己丑《きちゅう》の大火に関する記録『春の紅葉』をまとめた川崎重恭も、呉服目録のパロディの落書《らくしょ》を同書に載せている。

類焼目録

一、土蔵・穴蔵みぢん島　一、火の子絞り
一、風下は火を大冠頭巾　一、飛んだ目に青梅島
一、火の子飛八丈　一、灰をかき染類
一、身はちゞみこけ茶染　一、園は松坂帯地
一、鼻の下黒ちりめん　一、土蔵戸前塗どろ御帯地
一、慾の皮羽織　一、つまらぬみに鳴海絞り
一、其翌朝上下貧乏小紋　一、ゆうれいわた

神田佐久間町
火元屋河岸兵衛

三月廿一日より

「火元屋河岸兵衛」というのは、この火災の火元が河岸地にある材木蔵であったことからきている。さて、この目録からは土蔵・穴蔵が木端《こっぱ》微塵《みじん》になった状況がみてとれるが、逆にいえば、パロディになるほど、火災時においては土蔵と穴蔵が注目されていたということになる。

ここまで書くと素直な読者は「ああなんだ、やっぱり穴蔵は火に弱かったんだ」と納得してしまうかもしれない。確かに、三井家の史料の中にも火災で焼失した穴蔵の修復を、京都の大元方（三井家の統括機関）に願い出ている記録が多々残っているし、知辰や月岑が記したとおり、焼失した穴蔵のあったことはまぎれのない事実である。しかし、結論を出すのはまだ早い。

穴蔵への信頼感

そもそもこれらの記録は、いかに火災がすごいものであったか、ということを表現しているものである。したがって、誇張とはいわないまでも、日ごろ日常的に起こっているような火災ではけっして燃えたりしないものまで燃えてしまった、と書くことで火災の凄さを表現したかった、と解釈するほうが妥当であろう。いいかえれば穴蔵は、もちろん一〇〇％完璧な防火・耐震施設であったとはいえないまでも、よほどのことでもないかぎり、燃えたり壊れたりはしないのだという、絶対の信頼があったといえるのではないだろうか。その信頼感がなければ、火災記事の表現は意味を持たなくなる。

次に、穴蔵への信頼感を裏付ける史料として、三井家の記録である「永要録」の弘化三年（一八四六）の部分を紹介しよう。

台所穴蔵は、前から一か所あったのですが、近来たびたびの火災で大破損してしまった後は、使っておりませんでした。ところが、御奥・台所とも、土蔵が一か所ずつにしか置かれていないので、これまで火災のたびごとに、御居間向きの建具、奥・その他台所道具類がだいぶ類焼し、はなはだ差し支えがあるので、この穴蔵を以前のとおりに使いたく存じます。

前節の三井本店図（六一ページ）でみると、もともとあった8の「台所穴蔵」が、最近のたび重なる火災で大破損して以来使えなくなり、奥用と台所用のEとF二か所の土蔵で補おうとしていたのである。しかし、結局火災のたびに建具や諸道具が焼けてしまったので、以前のように穴蔵を使いたい、といいだしたのである。これは一か所の穴蔵が、二か所の土蔵より防火施設として勝っていた証拠といえよう。普請費用については改めて述べるが、このときは縦一丈一尺、横幅七尺、深さ七尺の穴蔵に金三八両が見積もられている。これを当時の物価と比較すると、米だとおよそ二〇石、日雇人足なら二六一四人分の日給に相当し、けっして安い額とはいいがたい。修復費用をケチッて穴蔵を放置していた三井家が、使えなくなって改めてその有効性に気づき、防火施設として再び見直し、意を決してこのような大金をかけてまで新たに入れ直そうとしているのである。いかに穴蔵を高く評価し、信頼していたかがうかがえよう。

一方、明和三年（一七六六）には、土蔵・穴蔵の有効性を賞賛する本も出版されている。南極斎著の「鎮火用心車」がそれである。この本はいわば防火入門書のようなもので、南極斎はこの本の中で、日ごろから熟読して心にとどめておけば、つねに火の元は安全で、もし失火が生じてもすぐに鎮まり、ほかから出火したときでもうろたえることなく、ケガもなくかいがいしく働くことができ、まちがいなく土蔵・穴蔵は無事でいるだろう、と述べている。また土蔵・穴蔵を船にたとえ、いかに立派な船でも、船頭や水主《かこ》が未熟であれば、嵐の中で船を救うことができないのと同じように、土蔵・穴蔵を備えるだけで日ごろからの心がけをおこたると、非常に危険であると警鐘を鳴らしている。以下で少し細かく内容を見ていこう。

人・神仏・金品・穴蔵

まず、寒気の強弱や風の強弱、土の硬軟などには地域性や風土によって違いがあるため、土蔵・穴蔵のつくり方を変えるべきだと指摘、用心具として土蔵では「やね、かべ、窓、戸前の具合、常の具、ひらきの具、下ニ見《ママ》」、穴蔵では「ふた、渋紙、砂、鍬《くわ》、はしご、万力」をあげ、「ふた腐りやすく、心をつくすべし、常の具・下ニ見《ママ》、右おりおり吟味して破損・不足早くととのえ置くべし」と付け加えることも忘れていない。

さらに風の強い日の心得として、いっさい外出しないか、外出する場合でも早く帰宅し、火のもとや盗賊に用心し、病人や足の弱い人を避難させ、帳だんすや手形を移す用意をし、土蔵・穴蔵の中をかたづけ、窓を閉ざし、土をこね、食事を早く済ませ、ご飯がなければ炊かせるよう指導、なぜか酒も取り寄せておくことを勧めている。そして夜中に急に風が出てきたら何時であろうと起き出し、したくをすること、また急火の際に見舞人は絶対に間に合わないものと覚悟を決め、他人をあてにせず家内の人数だけで承知しておくこと、と述べている。

南極斎は、火災時の「四大事」として「人」「神仏」「金銀・帳・手形・代物（商品・品物）」「土蔵・穴蔵」をあげる。まず「人」で大事なことは、逃げる際女性と子どもはいい衣類に着替えておくということで、そのほうが人の世話になるとき得をするという。「神仏」は神体・仏像・位牌・過去帳類だけ取り出せば、あとは焼けてしまってもしかたない、としている。「金銀・帳・手形・代物」は「論に及ばず」と、「土蔵・穴蔵」は「次に論ず」と記されている。最後にその他の注意事項として、火災時において見回り人にまぎれて盗賊が入るのを防ぐことも、いうまでもなく大事なことだと述べ、「右四ツを四大事と定む」と締めている。このように、穴蔵は土蔵とともに、防火対策上最も重要な施設として位置づけられていたことがわかる。

土蔵・穴蔵の上手な使い方

そこで「次に論ず」ということばを受けて、「土蔵・穴蔵の論弁、並びに火事雑」という項目が設けられている。ここでは、土蔵・穴蔵の詳しい取り扱い方法も紹介されている。

○土蔵支配

一、すべぼうき

一、ぬりつち、すさ

一、かご。右のこねつちを入れる。手の上に鍵をつけること。高い窓などをぬるときや、はしご、木の枝などに引っかからないようにするためである

この「すべぼうき」というのは小ぶりのほうきで、窓枠のホコリなどをそうじするのに使用する。ホコリに火の粉が燃え移るのを防ぐのが目的である。「すさ」は亀裂を防ぐためのつなぎの繊維質の材料で、壁土に混ぜて使う。また「内禁」として、火を取った火入れや火鉢類で、使用してから三日たたないうちに、蔵の中へ入れてはいけない。消し炭・わら炭を庭蔵などへ入れてはいけない。火の気が残っているおそれがあるから。硫黄・焔硝・樟脳・ほくち類は、外で火災が起こったときに火を呼ぶものである。どれも入れることは堅く禁じる。また夜中に急用だからといって、蔵の

中へ灯火を持って入ってはいけない。やむを得ない場合は、別に提灯持ちを連れ、二人で入ること。自分で提灯を持つと、蔵の中でものを取り扱うとき、つい提灯がおろそかになるため、あやまりが起こりやすい。これらはどれも慎むべきことである。と、述べている。さらに「外禁」として、外へは炭・薪・材木などの可燃物を土蔵の外回りに置いてはいけない、と記している。そして穴蔵に関しては、次のように述べている。

〇穴蔵支配
一、砂。上のたち物は軽ければ砂の厚さを五〜六寸にし、たち物が丈夫ならば七〜八寸より薄くしてはいけない。そのつもりでたくわえること
一、しぶ紙。フタと砂との間にしく。鎮火後フタを開けるとき、泥水が中に入るのを防ぐ。紙の大きさは、フタの大きさよりひとまわり大きくつくること
一、はしご
一、鍬
一、万力
内禁外禁、土蔵と同じ

さらに穴蔵の蓋の閉め方についても、防火のためにはフタと砂とのあんばいが大事であ

るといい、しっかりとフタをして上に渋紙をしき、その上に砂をかき降してむらのないようにならし、よく踏みつけ、火の気を隔てまた上の材木が焼け落ちても、砂を掘り返させないようにするため、その上に水畳を一枚敷き、乾く畳を再び湿らせるため、その真ん中へ水を一杯にした水桶を置く、という方法を紹介している。ちなみに、寛政九年（一七九七）西村屋与八によって刊行された「鎮火用心集」には、渋紙の上にかける砂は一尺あまり、水桶に入れておく水は四〜五升とされている。そして、土蔵・穴蔵を開くときのために井戸は確保しておき、穴蔵を開くときは水を運んで上の火を湿らせ、畳を引きずりのけて、灰砂をかきのけるよう奨めている。また開封に手間どると中が蒸し焼きになるので、穴蔵は早目に開けるべきで、もし煙がくすぶり火が入りそうなときは、ひたすら水をかけるように、との注意も促している。

このようにこの本では、土蔵・穴蔵は上手に使えば非常に有効な防火施設となりうることが、力説されているのである。毎晩寝る前に土蔵・穴蔵への通路を整理し、広くしておくようにというアドバイスも十分うなずけよう。南極斎はいう。世間で土蔵・穴蔵が焼けたからといって、何も不思議に思うことはない、日ごろから内禁外禁を守らなかったり、火災時にうろたえてしそこなうなどの間違った行為をせず、土蔵・穴蔵を絶対に守ろうという心がけなくして、どうして防火に成功しようか、と。防火はまさに、人間の問題なのである。

防火番付

ところで、次にあげた図14は防火のための心得などを、人名になぞらえて示した「為火防」という番付表である。右端には「此書を家内ニはり置バ神々守り玉へハかならす災なんのうれひなし」と記され、秋葉・愛宕といった火伏せの神々のもと、大関には「安泰山無（彫り間違いか）火右衛門」「無事川安五郎」、関脇には「当番野纏之助」「差股《さすまた》力蔵」などが見える。さらに小結の「陣笠ヶ浦金右衛門」「火元見馬五郎」、以下前頭として「龍越《りゅうこし》水左衛門」「桶の山積右衛門」などが下段まで続く。

そして下段左側には「穴くらふた四郎」、つまり〝穴蔵フタしろ〟と明記されているのである。この番付では、前頭格でやや目立たないものの、やはり穴蔵が有効な防火施設として認識されていたことは明らかで、しかもフタをしっかり閉めることが穴蔵管理の重要ポイントとされていたことが確認できる。

土蔵と穴蔵の類焼率

さて「鎮火用心車」では、これまで見てきたように、土蔵も穴蔵も有効性としてはほぼ同等に扱われている。しかし実際は、どちらがより火災に対して有効だったのであろうか。次に、土蔵と穴蔵の耐火性を数字で示そう。

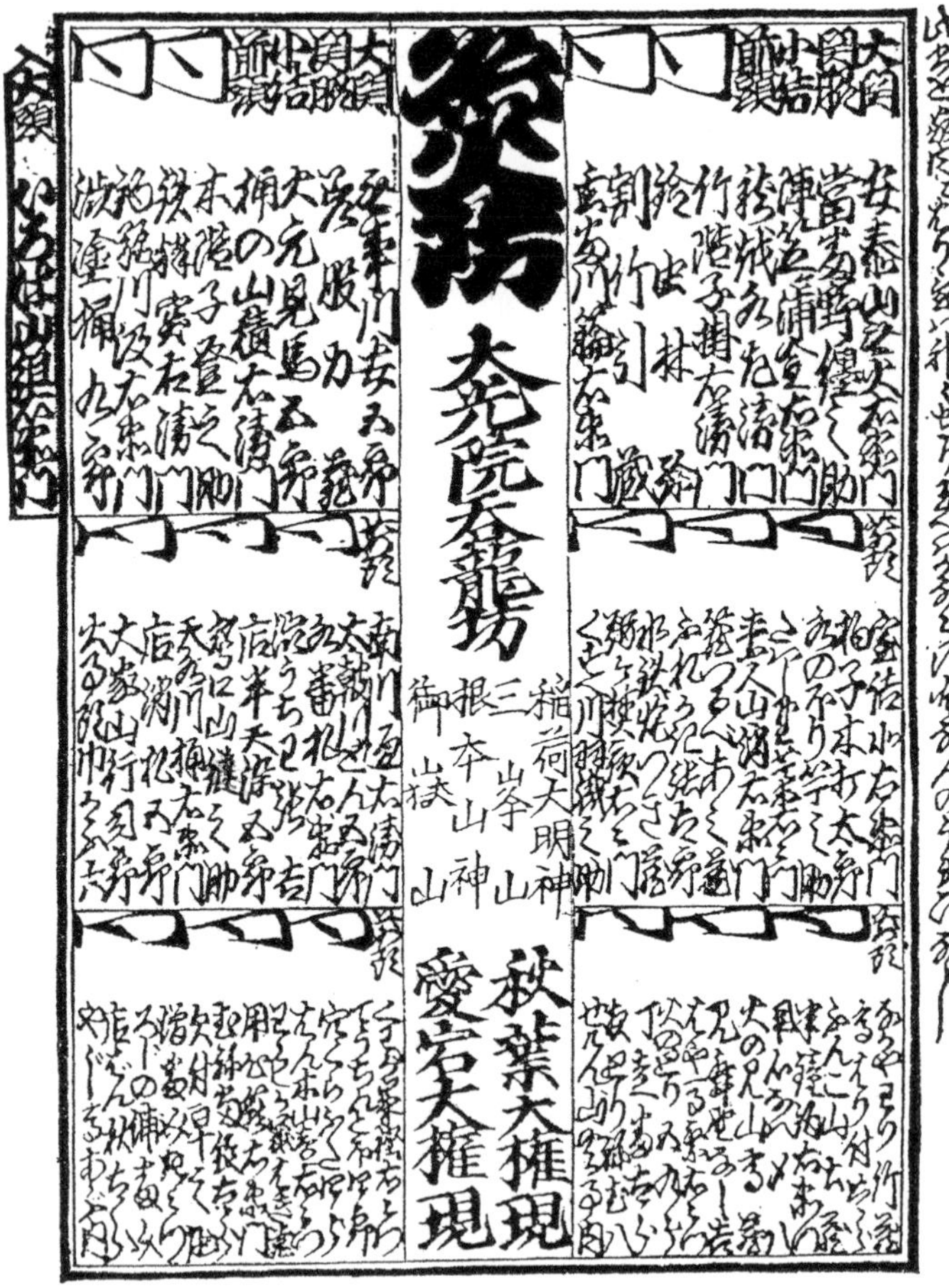

図14　「為火防」番付表（『江戸時代落書類聚』）

表1　安政5年（1858）2月10日災害時における土蔵・穴蔵焼失指数

	地　　域	焼失土蔵(a)	焼失穴蔵(b)	寺	橋	怪 我 人	焼失家数(c)
1	日本橋北方面	57(0.47)	41(0.34)			67～8程	12,080余
2	日本橋南方面	22(0.06)	26(0.07)			31程	36,710余
3	八丁堀	27(0.035)	31(0.04)			無事	76,020
4	霊岸島	7(0.06)	14(0.12)			4程	12,130余
5	鉄砲洲	11(0.01)	5(0.007)			7程	76,030余
	合　　計	124(0.058)	117(0.055)	3	4	109程	212,970余

注　1　国立国会図書館蔵「見聞雑録」より作成。
　　2　(　)内が指数。焼失土蔵指数はa／c×100，同穴蔵はb／c×100。

ここでデータサンプルとするのは、安政五年（一八五八）二月一〇日に発生した火災である。日本橋安針町（小田原町との説あり）から出火、西北風が強く日本橋・京橋地区、八丁堀、霊岸島、佃島方面を焼き尽くし、町数八五町、幅四町、長さ一八町あまりが焼失した。このときの記録が、国立国会図書館蔵「見聞雑録」（作者・成立年代不詳）に残されているのである。

ころは安政五戊午年二月十日夜五ツ時過ぎ、西北風はげしく、日本橋小田原丁鷲長屋辺より出火いたし、長浜丁・安針丁・本船丁・魚河岸納屋残らず焼ける。この辺土蔵穴ぐら多く焼け落ちる。釘店角六番・八番組消し止める。室町東側壱丁目残らず、弐丁目中程、壱番・八番・十番組消し止める。それより瀬戸物丁片側中どおり角、本所組消し止まる。伊勢丁半丁ばかり角、八番・十番中組消し止める。およそこの辺跡火にて御

座候あいだ、土蔵穴蔵焼失の由に御座候（以下略）

この小田原町・安針町・本船町・伊勢町などの日本橋地域の北方面ではとくに土蔵・穴蔵の被害が大きく、焼失土蔵数は五七棟、穴蔵数は四一棟にのぼった。その他の地域で焼失した土蔵・穴蔵は、佐内町・新右衛門町・榑正町・福島町などの日本橋地域南方面から京橋地域にかけては、前者が二二棟、後者は二六棟であった。そして坂本町・亀島町・金六町・本八丁堀一丁目などの八丁堀界わいでは前者が二七棟、後者は三一棟、川口町・富島町・長崎町・白銀町などの霊岸島界わいでは、前者が七棟、後者が一四棟、川で隔てられた南八丁堀・本湊町・船松町などの鉄砲洲界わいでは、前者が一一棟、後者が五棟で、海に囲まれている佃島はあまり被害を受けなかった。

次に地域別の傾向をみていきたいが、焼失戸数だけ取り上げても、町の面積や類焼程度の違いによって差が生じてしまうので、焼失土蔵・穴蔵それぞれの戸数の、焼失家屋に対する割合を算出した。するとやはり日本橋北方面の割合が非常に高く、土蔵では焼失指数が〇・四七ポイント、穴蔵は同じく〇・三四ポイントなので、前者は最も被害の少なかった鉄砲洲の四七倍、後者は約四九倍に相当する。しかし、本船町や伊勢町は住宅街というより倉庫街で、本船町に隣接する江戸橋はとくに重要な物資の集積地であった。この近辺には木更津河岸とか高間河岸・米河岸・地引き河岸などとよばれる河岸地がにぎわいを見せ、そこには河岸土蔵も多く建てられていたのである。したがって、この地域にはもともと土蔵数が多かったため、必然的に焼失指数も高くなったと考えられる。

ところで、肝心の土蔵と穴蔵の焼失指数の比較であるが、単純に数字だけ見ると、トータルで前者が一二四棟、率にして〇・〇五八ポイント、後者が一一七棟、率にして〇・〇五五ポイントと、両者の差はほとんどないことがわかる。しかし、先に示した三井越後屋の店舗の図面には、四棟の土蔵に対し一二棟の穴蔵が記されていた。さらに『日記言上之控』には、前章で紹介したように、空き家になっていた表店に設置されていた穴蔵の中から子どもの死体が発見されたことが記されているが、立地から類推するに、おそらくこの貸家は三井や白木屋のような大店《おおだな》ではあるまい。また同書には、南塗師町の紺屋長左衛門という人物が金銭トラブルから蒸発してしまい、その事後処理として、置いていった家財道具をいったん管理したのち、入札にかけて処分した様子が記されている。この家財道具は「諸道具、穴蔵共一式」と表現されており、土蔵を所有していた形跡はない。さらにもう一件、蒸発した南鞘町の大工の部屋に残されていたのは、「古穴蔵ならびに竹ごうし雑道具共」であった。こちらも零細住宅に属する家屋らしく、やはり土蔵を所有していたと

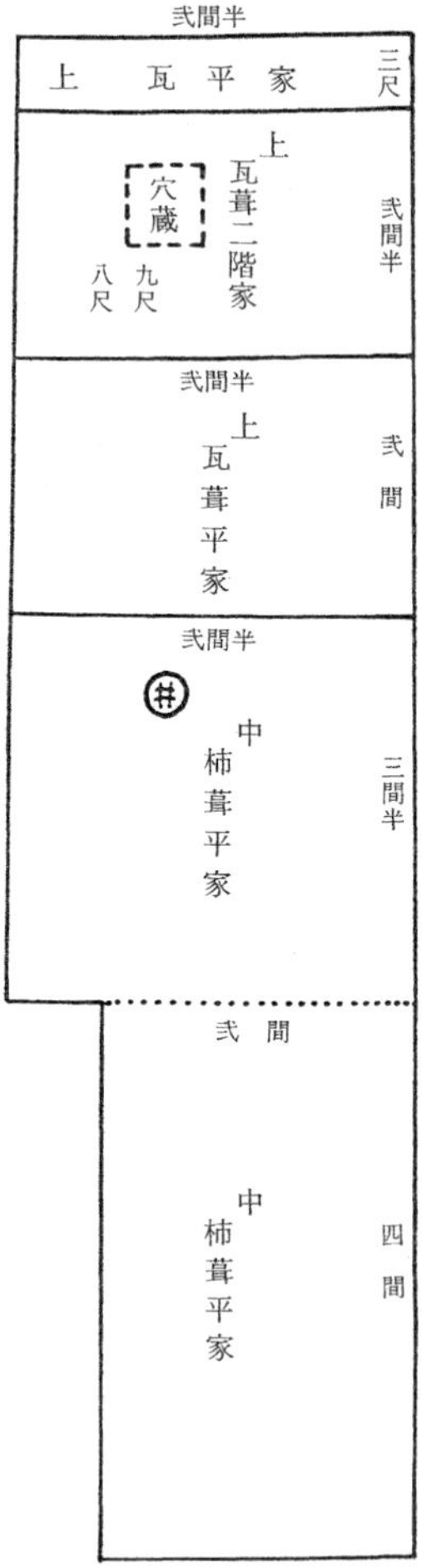

図15　地主岡本屋弥吉所有の地所図（東京都公文書館蔵「鉄道一件」より作成）

は考えられない。

そして時代は下って明治四年（一八七一）のこと。小木新造著『東京庶民生活史研究』ですでに紹介されている「鉄道一件」という史料に、本芝一丁目地主岡本屋弥吉所持の土地・建物の図面が載せられているが、これを見ると間口二間半、奥行二間半の瓦葺き二階家に、九尺×八尺の穴蔵が一か所設置されている（図15参照）。この敷地面積は六坪二合五勺なので、穴蔵のサイズも三井家などのものに比べて小振りである。この家が商店だったか、しもたやであったかは不明であるが、場所がらからいって商店でもおかしくはない。が、もちろん土蔵はない。

江戸では、賃貸住宅居住者＝店借層《たながり》が多く存在しており、一九世紀には江戸の町人人口の約七割を占めていた。『日記言上之控』に登場するのも、そうした店借の人びとである。つまり、穴蔵は持っているが土蔵は持っていないという店借の人びとも多く、土蔵の数より穴蔵の数の方が、圧倒的に多かったと考えられるのである。したがって、焼失率が土蔵と穴蔵でほぼ同率でも、両者の全体棟数から類推すると、穴蔵の類焼率はかなり低いこととなる。このデータからは、土蔵より穴蔵の方が耐火性に富んでいたということが実証できるのである。

やはり穴蔵は強かった

以上みてきたように、江戸で生活する人びとが、土蔵を持つのは無理だから仕方なく穴蔵で間に合わせよう、といった消極的かつ否定的な態度で穴蔵を使用していたとは、考えにくいのである。むしろ火災という観点からみたかぎりでは、三井家のように多くの人びとが、用途によってはどうしても穴蔵でなければダメだ、と考えていたのではないだろうか。零細住宅に住むことを余儀なくされていたような場合でも、「土蔵なんかなくったって、穴蔵さえあれば大丈夫サ」くらいに思っていたかもしれない。人びとは穴蔵に絶大な信頼感を寄せており、実際穴蔵はそれに答えていた。土蔵も穴蔵も「鎮火用心車」で指摘されているように、上手に使えば類焼は防げるものである。しかも土蔵は、戸前だけでなく窓からも火が入る危険があるのに対し、穴蔵は五面を土に囲まれているので、天井部分の出入り口さえしっかり封をしておけば、火の入る確立は比較的少なかったと考えられる。

これもまたあとで改めて詳しく述べるが、安政二年（一八五五）一〇月二日に発生した安政の大地震後、江戸では大量の「鯰絵《なまずえ》」が板行された。その際に相撲の番付表を模した、災害時の有用物・無用物の番付表もつくられるが、その中で土蔵は「おあいだな物」つまり不要な物の「大関」にランク付けされ、一方、穴蔵は「もちいる物」、つまり役に立つ物の「大関」にランク付けされているのである。大地震が発生した場合、土蔵は崩れ落ちて周囲にいた人びとを押し潰すが、穴蔵は崩れたり、地上へ吹き出したりしても、その中に人が入っていない限りにおいては、少なくとも人命を奪うことはない。火災にも地震にも強い穴蔵は、災害都市江戸において、必要欠くべからざる重要な施設であったといえよう。

穴蔵経済事情

防水性重視の資材

火災にも地震にも強い穴蔵――しかし、そんな穴蔵にもひとつ弱点があった。江戸の低地部分の地下は、水分を多量に含んでいる。したがって油断をすると地下水が漏れたり、材木が水ぐさりして、すぐに使いものにならなくなってしまうのである。安永九年（一七八〇）八月、三井家の江戸両替店から京都両替店に送られた手紙の中に、次のような一文がある。

穴蔵の弱点

当店では、穴蔵を使いはじめて三〇か年あまりになりました。そのため練り土ともことごとく痛み、大雨の節は悪水が差し込み、金銀が濡れてしまうこともあるので、今度新規に入れ替えたいと存じます。このための費用として、およそ金一〇〇両あまりかかるかと存じます……

三井家では支出の決定権が京都にあるので、江戸両替店からこのような手紙が出されたわけだが、老朽化した穴蔵に水がしみ込み、困っている様子がわかる。また、寛政一〇年（一七九八）三月にも同様の願書が出されており、その中で次のように述べられている。

元方穴蔵の天井まわりが残らず朽ち損じ、危ないので新しく取り替えたく存じますが、普請費用におよそ金三五両ほどかかります。そこで去年からお願い申し上げ、普請に取りかかりたく存じましたが、臨時の出費も多く、火事の多いシーズンでもあるので、そのまま使っておりました。ところが、だんだん暖かくなり湿気も強くなり、水まわりがはなはだ危ない状態です。この趣旨をご勤番様方へお願い申し上げますので、ご許可下さり、この費用を元方よりお差し出し下さいますよう、なにぶんよろしくお願いいたします……

この願書では、火災の多い時期に普請工事のため穴蔵の使用ができなくなると無用心なので、お金もないことだし、なんとか無理をして使っていたが、暖かくなるにつれ差し水も増え、春の長雨シーズンや梅雨の前に新規に設置しないと、天井が抜け落ちて危ない状況にあると、耐水性の弱さを訴えているのである。

深刻な漏れ水

さらに、三井家江戸本店で元文元年（一七三六）一〇月に穴蔵を修復した際書かれた記録である「惣穴蔵修覆入用積書」には、もっと詳細に水漏れの実態が記されている。

……これらの穴蔵は、いずれも年数を経ているので、一～二年以来水がしみ込んできており、そのつど少しずつ修復を加えてまいりました。しかし、とくにこの夏から差し水が強くなり、その上底板や天井板がことのほか腐り、修繕として内側から梁《はり》など入れましたが、万々一のことがあっては心もとないので、新たに天井板をつくり替えるつもりでおります……

（中略）

一これらの穴蔵の内、天井を新しくつくり替える分は、およそ二〇年ばかり持ちこたえるはずです。それでもときどき水の差し込むことがありますが、それは新しい穴蔵でも同じことです

一これらの穴蔵の内、埋木などの少しずつ修復してきた分は、この先七～八年か一〇か年くらいは持ちこたえるはずです。したがって、少々ずつの修復は賄わないつもりでおります

一これらの穴蔵の内、「本一番」と「中二番」は土が腐り、修復がむずかしく、そうかといって新しく入れ替えても地形が痛んでしまいます。そのうえ先日、佐渡屋借り地に新しく蔵が一か所できたので、この二か所は今回潰しても、商品や着替え、夜具、諸道具など、工面よく納められるので、いよいよ二か所とも埋め潰すつもりです

一これらの穴蔵の内、四方の側板と底板をはぎ、天井板を新しくつくり替える分は、いっそのこと新しく入子穴蔵をつくるべきかと吟味したところ、第一天井が低く、それに古穴蔵と新穴蔵の間にちょっとずつすき間があり、もちろんこの間へはへな土（＝粘土）をこめましたが、結局差し水を繕う第一の方法にはならないだろうということになりました。値段も違うので、総内張りにし、天井を新しくつくり替えれば、おおかた新しい穴蔵と同年数持ちこたえるとのことなので、至極吟味したうえで、次のとおりに修復するつもりです……

(以下略)

三井越後屋の江戸本店が、日本橋本町一丁目から駿河町に移転したのは天和三年（一六八三）のことであるが、穴蔵がいつから設置されていたのか定かではない。しかしこの史

料には、本店の穴蔵はいずれもつくってから年数を経ており、この一〜二年以来漏れ水が見られ、とくにこの夏は漏れ水が強く危ないので、新たに天井板の張り替えをするつもりであると、記されているのである。そして、漏れ水が原因で土が腐ると、もはや修理も不可能となり、かといって新たに穴蔵を入れ替えたのでは「地形」が痛んでしまうといっている。つまり、漏れ水が底や天井の材木を腐らせ、さらにそれが進むと土壌にまで悪影響をおよぼしていたことがわかる。

檜葉・杉・松・竹・柏

このように、三井家では穴蔵の漏れ水に相当悩まされており、穴蔵を普請する際最も神経を使ったのは、穴蔵をいかにして漏れ水から守るか、ということであった。次にあげる史料も「惣穴蔵修覆入用積書」の一部であるが、ここには穴蔵の修復に用いる資材が記されている。

一檜葉新穴蔵　二間四方　高さ六尺五寸
　胴木より上　厚さ六寸
　胴木より下　厚さ五寸
（中略）
一檜葉新穴蔵　二間　二間半　高さ六尺五寸

天井総側とも　厚さ六寸板
（以下略）

この記述を見ると、壁材に厚さが五～六寸、つまり一五～一八チセンもある檜葉の使われていたことがわかる。またこれらの「新穴蔵」とともに修復された、その他の穴蔵の板材をみても、壁は厚さ二～三寸の檜葉で補強され、天井を取り替える場合には六寸の板が使用されている。これは厚い板を使うことにより、漏れ水による腐敗を少しでも遅らせようということであろう。また「檜葉」とはアスナロのことで、ヒノキ科の常緑樹である。「明日は檜になろう」という意をこめて、漢字では「翌檜」と書く。アスナロは脂気を含み、湿気の多い土台や風呂場、流し板などに適しており、枕木や船舶などにも利用されている、日本特産の建材である。したがって、湿気をきらう穴蔵にも適していた建材のひとつといえよう。

この史料は一八世紀前期のものであるが、三井家では一九世紀になると、穴蔵に使用する材木にやや変化が現れる。同家では文化九年（一八一二）に、大きさ二間四方、深さ七尺の「見世穴蔵」を入れ替えているが、このとき、天井や壁などに使う一枚板である鏡板には、甲州柏の赤身を削りあげた厚さ六寸の板を使い、側板は一尺どおり杉の赤身で足し、すのこ板は檜葉で新規につくる、という普請作業が行われた。檜葉と柏・杉が、穴蔵の部位によって使い分けられていたのである。「柏」とは、ヒノキやサワラなどの常緑樹の総称という。サワラはヒノキ科に属し、ヒノキは檜葉同様脂気を含んでいるため、船舶・橋梁・桶類に好んで使用される。一方、杉も湿気にはかなり丈夫だといわれ、耐久性も比較的大という。

また、弘化三年（一八四六）の記録では、内法二間四方の「勘定場元方穴蔵」を新規に入れ替えるにあたり、外まわりの土留め枠に厚さ三寸の杉の赤身を、天井には「従来通り」と記されている、厚さ八寸の柏の幅広板を、そして穴蔵内の押し入れには、竹・松・杉の丸太が使われている。同様に、嘉永二年（一八四九）の普請費用の目録によれば、縦一丈一尺、横幅七尺、深さ七尺の「台所穴蔵」を新規にあつらえた際用いられた板材は、壁面には厚さ四寸の、天井には厚さ五寸の杉の赤身であった。

このように三井家では、穴蔵普請に一八世紀前期ごろにはおもにヒノキやアスナロなどを使っていたが、一九世紀にはいると、それまで使われていた形跡のない「柏」のような建築資材が登場してくるのである。とくに杉はしばしば記録に現れており、当時好んで使用されていたと考えられる。

安宅丸の幽霊

ところで、漏れ水を防止するため、穴蔵の建築資材に腐心していた三井家では、文政二年（一八一九）三月、穴蔵の天井普請に船板を用いている。また、三井家の店舗があった日本橋駿河町同様、低地に所在する遺跡である都立一橋高校地点（千代田区東神田）から検出された穴蔵の遺構にも、船板が使用されていたことがすでに報告されている（都立一橋高校内遺跡調査団『江戸――都立一橋高校地点発掘調査報告』）。このように、水分を天敵とする穴蔵には、しばしば船板が使用されていたのである。

こうした事情にまつわる怖い逸話が、喜多村信節《きたむらのぶよ》著『嬉遊笑覧《きゆうしょうらん》』に記されている。天和二年（一六八二）、幕府の超豪華巨大軍艦「安宅《あたけ》丸」が取り壊され、解体部品が一般に払い下げられることになった。そこで、柳原和泉橋の酒屋市兵衛という人物が船板を買い求め、穴蔵のフタとして使っていた。ところが、召使いの女性にモノが憑き、「私は安宅丸の魂である、はばかりもなく私を穴蔵のフタなんぞにして、卑しい雑人に踏ませるとは、遺恨に思う」などと語りはじめたのである。驚いた市兵衛が「つくり替えいたします」と、頭を叩いて詫びを入れたので、憑きモノがとれたという。本当に安宅丸の幽霊が出たかどうかは別にしても、穴蔵と船板の関係をよく示す奇談である。

ところで、『守貞漫稿』には穴蔵に関する次のような記述が見られる。

京坂の多くは切り石を積んで穴蔵とする。江戸はヒバ材を使ってもっぱら穴蔵をつくる。京坂は地下水が深いので穴蔵に水が出ない。江戸は地下水が地表面から近いので、穴蔵に水が入るため、毎時汲んで水を取り去る。ゆえに木製でなければ水を防ぎがたい。木製でないもので、木製以上に水の入らないものは、はなはだ稀である。

切り石

つまり、江戸は京坂地域とちがって地下水のしみ出る深さが浅いので、木製でなければ水を防ぎにくいため、もっぱら檜葉で穴蔵をつくっているというのである。しかし、地下水の心配のない台地上に位置する大名藩邸に関していえば、どうやらその限りではないらしい。紀伊和歌山藩徳川家上屋敷跡である紀尾井町遺跡（千代田区紀尾井町）からは、切り石で囲まれた穴蔵と思われる遺構が検出されている（千代田区紀尾井町遺跡調査会『紀尾井町遺跡調査報告書』）。一方それとは対称的に、港区赤坂の越後糸魚川藩松平日向守屋敷跡から検出された、穴蔵と思われる遺構からは、朽ち果ててしまって材木の痕跡は残らないものの、材木をつなぎ留めるのに使われていたと考えられる和釘が、四隅に残っていたという（『江戸東京学事典』）。こうした違いは、藩邸が似たような条件の場所に建てられていても、その大名の国元が西国にあるか、関東甲信越にあるかによって派生してくるといわれている。

ところが、江戸で切り石を穴蔵に用いていたのは、西国大名だけではなかった。西国は伊勢松坂出身の三井家でも、一九世紀になると切り石を用いていたのである。文化五年（一八〇八）一一月、「元方穴蔵」を入れ替える際の記録の中には、「穴蔵口前石一枚通り、新規築き立て」と明記されており、同九年三月の「見世穴蔵」普請に関する手紙にも「口前につき、替え石新規築き立て」と書かれている。そしてその後の文政二年（一八一九）三月になると、「元方穴蔵」普請の見積書の中に「伊豆御影にて台石二通り」という項目も現れるのである。

このときの報告書を要約すると、次のとおりである。いっそのこと堅石で穴蔵を築き立てたらどんなものかと、業者に見積りを出させたところ、側面の石だけで代金が八九両もかかることがわかり、それに石ではなにぶんにも差し水対策が万全だと請け負うことができないので、側面の石壁化はむずかしく、費用も高いので、やめることにした、と。つまり、低地での完全なる切り石製穴蔵製作の挑戦は、石材の高値と漏れ水に阻止されたのである。それでもこのときは、台石のみ御影石を使っている。

さらに同年七月の史料にも「見世穴蔵水留めそのほか、内造作台石新規入り目」とか、「穴蔵の内、台石ならび口前石地形上り候に付……」という記載や、天保九年（一八三八）の「元方穴蔵修復入目」にも、「石方一式」という項目が上げられている。元治元年（一八六四）一二月の「穴蔵諸入用」の目録にも、「口石足し、石工手間とも与四兵衛払い」と明記してある。三井家では紛れもなく、穴蔵に切り石を用いていたのである。

「口前石」あるいは「口石」というのがどんなものであるかはよくわからないが、おそらく出入り口あたりに用いたのではないだろうか。このように三井家の穴蔵に見られる切り石は、土台や出入り口にすえる石として、あくまでも部分的に使用されていただけだったといえよう。もっとも、このような切り石の使われ方を、江戸穴蔵全般の形態であったと普遍化することはできないし、また上水施設の一部にも、石垣樋として切り石が使われていることから（文京区神田上水遺跡調査会『神田上水』）、防水性に乏しいため江戸の土壌になじまないともいいきれない。切り石に関しては、まだ史・資料の収集も不十分で検討の余地があるが、三井家のような大店でさえ、切り石の価格が高額すぎて諦めざるをえなかったことから、一般庶民が石製穴蔵を利用していたとは考えにくい。したがって現段階では、江戸の穴蔵は木製のものが主流であったといって、差し支えなかろう。

さて、穴蔵内部への水の侵入を防ぐには、まず第一に木材・石材のすき間をふさぐことが肝心である。たとえどんな立派な壁材を使っていても、すき間から水漏れしたのでは腐敗のもととなる。では江戸の穴蔵は、どのような方法で水漏れを防いでいたのであろうか。

チャン

天保一三年（一八四二）一二月、幕府の河岸地取調懸が報告した「河岸地にて火を用い候職人どもの儀につき、申し上げ候書き付け」には、「チャン漆煮候節、火を用い申し候」として、船大工や漆喰・石工らとともに、穴蔵大工があげられている。また、三井家に残る文化五年（一八〇八）一一月の「覚」にも「穴蔵天井板長さ二間九尺、（中略）車力、ちゃん、流しすのこ板……」と記されていることからも、「チャン」が穴蔵建築資材のひとつであったことが確認できる。

ところで、文政四年から天保期（一八二一〜四三年）ごろ、松浦静山によって書かれた『甲子夜話《かっしやわ》』には、捕鯨船内の様子が次のように描写されている。

> （前略）船中には桶樽の細工したものがあり、桶材を木片で持ち渡り、入用に従ってたがをかけて樽を製造し、空樽を船の隅々へ行儀よく並べて置き、皮で作った筧《かけひ》をその高下屈曲に従って長短続き合わせ、ランビキから直接樽へ油を流し入れ、十分に満

ちたところでフタをして、チャンで塗封し、また皮筧の口を外の樽へ移し、同様に取り計るので、持運の力を労せずして作業ははかどる。（以下略）

ここには鯨油の処理方が示されているのだが、蒸留用器具であるランビキを経た油は、皮筧を通って樽へ流し込まれ、満杯になったところでフタをし、「チャン」で封印されているのである。このことから、「チャン」が密閉性に富む一種の接着剤として使用されていたことがうかがわれる。それではこの「チャン」とは、いったいどのような成分のものだったのだろうか。文化～文政期（一八〇四～二九年）、加藤曳尾庵《えいびあん》によって書かれた『我衣《わがころも》』には、次のような記述がある。

○チャン
一、松脂　五〇目
一、地の粉　六〇目
一、荏油　二〇目ほど
よく練り合わせ、温かい内にもる所へつける。よくきめ込むこと

「地の粉」とは、ある種の粘土を焼きくだいて作った粉末で、生漆《きうるし》と混ぜて漆器を作る際の下地としてよく用いられる。「荏油」は「えのあぶら」と読み、シソ科一年草の植物

エゴマの種子から採る乾性油で、雨傘などに用いられる。これらを火で煮ながら混ぜると「チャン」が完成するわけだが、それぞれの原料はいかにも水をよく弾きそうである。

また、常陸水戸藩徳川家の記録である「国用秘録」にも、「瀝青ねり方　但御棺御穴入方節」という項目の中に、「チャン練方」として、以下のように記されている（『茨城県史近世史料』II）。

チャン練方

一　松脂　八升
一　杉脂　二合
一　松皮　二合
一　乳香　二合
一　黄土　二合
一　荏油　二合

右のとおり練り上げること、御棺の外郭の間に流してかためること（以下略）

ここでは埋葬の際に、棺桶を保護するため「チャン」で固める方法が伝えられている。

水戸藩徳川家のような大大名の墓は、往々にして遺体を木製の座棺に納めたのち、さらにひと回り大きい木製の箱に納め、最後にそれを石槨《せっかく》に納めるという、二〜三重の構造を有していた。そして通常、それぞれの間に木炭や石灰・漆喰《しっくい》などを詰めていたのだが、水戸藩の場合は「チャン」を用いていたのである。なお、「瀝青」というのは「チャン」の漢字表記で、「れきせい」とも読む。「乳香」とはカンラン科植物の樹脂のことだという。もっとも、各藩によって秘伝として独自の原料が伝わっていたと考えられるため、先に見た『我衣』に記されている原料とは若干の違いが見られるものの、共通点は多い。これらの原料から類推すると、「チャン」は水に強く、また粘着力にもすぐれていたことがうかがわれ、穴蔵のすき間をふさぐには絶好の素材であったことがわかる。

槙肌・石粉

穴蔵のすき間をふさぐには、「槙肌」もよく利用されている。これは「まいはだ」と読み、また「槙皮」とも書く。先にも取りあげた三井家の元文元年（一七三六）の史料「惣穴蔵修覆入用積書」からも、「槙肌」が頻繁に利用されていたことが確認できる。「槙肌」は檜や槙の内皮をくだき、柔らかい繊維状にしたもので、もっぱら水漏れ防止材として、穴蔵だけでなく上水の通り道である木樋《もくひ》や桝《ます》のすき間を埋めるのにも使用されていた。

一方、一九世紀以降、三井家の穴蔵普請の記録にはしばしば「石粉」ということばが登場してくる。たとえば、弘化三年（一八四六）三月に書かれた書状の中にも「この度は保ち方丈夫に仕様替えいたし、惣体石粉押しのつもりにて……」とあり、万延元年（一八六〇）一二月の「覚」にも「見世穴蔵押し直し、ふた新規取り替え、石粉、石灰、材木、金物そのほかとも、一式請け負い入り目」という項目が見られるのである。この「石粉」というのは、寒水石や石灰岩の粉末で〝めじ〟として使うのに適しているという。穴蔵には、漏れ水に対する実にさまざまな工夫が凝らされていたのである。「チャン」「槙肌」「石粉」などの効果がどの程度のものであったかは正確にはわからないが、おそらく現代のセメントやコールタールに匹敵するほどの、高水準であったにちがいない。

なお、漏れ水の心配のない台地のような地域の場合、これらの技術は必要ないことになり、すると当然穴蔵をつくる工程もちがってくるし、実際にこうした地域では単に掘っただけの素掘りの穴蔵も存在する。実は歴史を研究していくうえでの最大の弱点は、史料がないと何もいえないということで、当時江戸の中心的商業地だった日本橋に店を持てずに、やや離れた台地で商売していたような小資本家の史料は、たいへんに残りにくい。したがって、防水剤を必要としない穴蔵作成の技術や工程・作り手については残念ながらほとんどわからない。こうした問題をどこまで明らかにできるかが、今後の課題である。

銅板・その他

三井家の穴蔵では、防水だけでなくそれと同時に防火にも配慮されていたことをうかがわせる史料も残っている。寛政一二年（一八〇〇）一二月の「覚」に「入口戸巻銅一枚新調、三枚直し、ならび蕨手《わらびて》鉄物三つ」という記載が見られ、この時期には銅板の使われていたことが確認できる。というのは、それ以前の記録からはまだ、銅板の使用されていた事実が確認できていないのである。さらに文化三年（一八〇六）二月の「穴蔵入用覚」には、「内法二間四方、深さ六尺五寸、穴蔵一か所新規、板厚さ七寸、敷五寸、天井八寸、銅板厚さ一尺《ママ》、釘打脇長手一通二〇本、打天井一通二〇本、檜木大角、右大工手間、釘、槙、縄、車力、掘方一式」という仕様が記されており、ここでは厚さ一尺（「寸」の誤記か）の銅板が使われていたことがわかる。おそらく類焼防止の有効な手段として、天井の上に敷かれていたのであろう。また文政二年（一八五五）の普請入用の目録には「穴蔵の内、（中略）戸棚、柱、ならび敷居とも、小口銅板にて包ませ候」とあり、部分的に銅板でおおわれていた場合もあった。

これ以外の、建築上の事情でとくに防火とは無関係に使用されていた金属類は、たいていの場合「釘、鉄物とも一式」とひとまとまりに記載されており、「筋鉄」「鎹（＝鎹《かすがい》）」などの名も見られるのだが、どの部分にどれくらい使われていたのかは、残念ながらよくわからない。

技術の時代的変化

江戸の穴蔵に関する文献資料は必ずしも多いとはいいがたい。その中でも比較的まとまって残っている三井家の史料を中心にこれまで見てきたのだが、三井家に関していえば、随時指摘してきたように、穴蔵の製造技術に時代的な変化をみてとることができるのではないだろうか。

すなわち、穴蔵に使用される材木の種類は、一八世紀にはもっぱら檜葉（アスナロ）中心であったが、一九世紀になると杉や松なども採用され、この場所にはこの資材、あの場所にはこの資材というような工夫が随所に見られるようになるのである。また場所に応じて切り石や銅板が使用されるようになるとともに、防水用の接着剤として、チャン・槙肌に加え石粉が史料上登場してくるのも、やはり一九世紀になってからのことである。こうした技術の進歩をより具体的に明らかにするには、考古学上の資料の分析も有効な手段であると考えられるが、まだデータとしては十分とはいえない段階であるため、今後の研究に期待したい。

しかし、少なくとも現段階でいえることは、江戸の穴蔵の技術革新が、ささやかではあるが認められるということである。もっとも、江戸時代二六四年の中で何も進歩しないほうが不自然だもといえるが、穴蔵が江戸の人びとの生活にじかに密着していればこその進歩であるということは、まちがいない。

穴蔵の普請費用

寛政一二年（一八〇〇）三井両替店の「元方穴蔵」を取り替える際に書かれた、次のような願書が残っている。

三井家の普請願い

口上書を以て申し上げます

両替店の格子の間にございます元方穴蔵のことですが、引き戸、砂ブタが朽ち損じてしまいましたので、取りかえました。この費用が未だに調いませんで、なおかつ下の仕切りも朽ち損じ、金物のほかは用いがたい状況です。これまでの通りの仕切りをしてもよいと、お申し付け下さいましたが、別紙のほかにも金物直し料などがかかりました。以前のとおり、元方より費用を下されるようにご配慮いただきたく存じます、

以上

申十一月

両替店

また、文化三年（一八〇六）四月にも、

見世穴蔵は、安永九子年（一七八〇）に新しく入れ替えましたが、（中略）この度類焼して世間ともどもすっかり下水が焼土で埋まってしまいました。そのため水の返りが悪く、雨降りには度々水が入り、繕いができないので入れ替えせざるをえず、この度入れ替えを行いたく存じます……

という記載が残っている。一方、明和八年（一七七一）七月「江戸穴蔵之願」には、「非常の節、諸帳面などの始末がおぼつかなく存じますので、元方穴蔵を新規に一か所つくりたく存じます」と記されている。

これらの史料には新規普請や修復に際し、穴蔵は金物以外破損が激しい（その金物も修理が必要だったが）、火災後には下水に焼土が詰まり、水はけが悪くなったため、雨が降ると穴蔵に水が入ってしまう、破損部分を放置したのではいざというとき重要な物の収納に不安がある、などの理由が述べられており、とくに水漏れは先にもみてきたように、最も深刻な理由として上げられているのである。

頻繁な普請

文化五年（一八〇八）七月、「元方穴蔵」（一〇三ページ史料の穴蔵とは別のもの）の天井普請に関して、次のような修理記録が書き上げられている。

覚

一宝暦一二年午一〇月、新規に江戸元方穴蔵ができたときの費用金一〇〇両あまり、残らず元方よりお差し出し下だされました

一明和五年子六月、この穴蔵の天井普請費用金三五両三分、銀一匁五分八厘、元方よりお出し下だされました

一安永九年子一二月、穴蔵天井普請金二三両二分、銀一三匁五分、両替店内元方よりお差し出し下だされました

一寛政一〇年午三月、同じく天井まわり残らず朽ち損じましたので、普請費用金三五両、元方よりお差し出し下だされました

右のとおりでございます、以上

辰七月

つまり「元方穴蔵」は宝暦一二年（一七六二）につくられて以来、六年後の明和五年（一七六八）、一二年後の安永九年（一七八〇）、一八年後の寛政一〇年（一七九八）、そして

一〇年後の文化五年（一八〇八）の四回にわたり、天井が修理されていたのである。さらに、のちにあげる別の史料から、一一年後の文政二年（一八一九）にはこれを廃棄し、新たにやや大きめの穴蔵を普請していたことが明らかであり、この五七年の間に記録に残る天井修理だけで五回、十数年の間隔で実施されていたことがわかる。

普請の事情

では、これらの修理にはどのような事情があったのであろうか。まず、宝暦一二年に「元方穴蔵」がつくられた理由は、これまで使用していた穴蔵がことのほか狭く、日ごろは戸棚の外に諸道具などを置いているが、このような状態で火災でも起こったら、諸帳面そのほかタンス類を始末しようにも納めきれない、というものであった。

また明和五年の普請の際は、穴蔵の天井が近年大破したが、そのまま見合わせていたところ、近ごろ破損がひどくなり、とくに出火の節不安だという理由であった。そして文化五年の普請理由は、「元方穴蔵」の天井は寛政一〇年に取り替え、いまだ年数もたってはいないが、一昨年の類焼以後水はけが悪くなり、大雨の節二度三度と水が入ったためか、天井が破損したと説明し、合わせて穴蔵内の戸棚やたたき土も少々繕いたい、と願い出ている。さらに文政二年の普請に際しては、次のような事情が訴えられている。

当店の元方穴蔵は、この度の類焼後に改めて点検したところ、そのときは別条なかったのですが、その後たびたび強い雨があり、近所の下水も浚《さら》っていないので水はけが悪しく、穴蔵へ雨が降るごとに水が入り込んでまいります。そこで、下水浚いの件を方々へかけ合い、穴蔵の外まわりのたたき土をつくり替え、水留めしようと思い土を掘り上げましたところ、たたき土の崩れも見つかりました。使いはじめて久しくなり朽ち損じ、天井は去る辰年につくり替えましたが、これさえも破損してしまいました。こうなっては新規に入れ替えるしかありません。この穴蔵は二間に九尺ございますが、手狭なので、ちょうど類焼のため上家も仮小屋で普請のしやすいことでもありますし、どうぞ二間四方にお申し付け下さいますよう、お願い申し上げます……

これは二月二九日に発生した火災後に書かれたもので、類焼後の下水の整備不良で大雨のたびに穴蔵が水浸しになることが、直接的な原因としてあげられている。しかし意地悪な見方をすれば、ついでに大きさも広げたいといっていることから、狭くて使い勝手の悪かった穴蔵をつくり替える絶好のチャンスとばかりに、もしかしたら許可をもらいやすくしようと、多少大げさに報告したのかもしれない。だがいずれにせよ、穴蔵が水の被害を受けやすかったことだけは、確かである。

この願書、「辰年」に行われた天井普請のときと比べてやたらに詳しく事情説明がなされている。それもそのはず、穴蔵一基新規普請するにあたり、金一四一両あまりが見積もられていたのである。

莫大な費用

そこで、この「元方穴蔵」が普請されて以来投入された普請金を表にまとめてみた。すると表2のとおり、記録に残るかぎりの四度にわたる天井普請に、計金一一四両一分強が費やされていることがわかる。この費用だけで新規の穴蔵をつくることができるほどの金額であるが、さらに新規に普請されたときの金額一〇〇両を加えると、この穴蔵一か所を普請・維持するのに、金二一四両あまりもかかっていたことになる。

しかし、もともと穴蔵一基の普請金自体もけっして低い金額ではなく、単純に一坪あたりにかかる費用を計算

表2　「元方穴蔵」普請歴

	年　　代	普請箇所	普　請　費　用
1	宝暦12年(1762)	新規普請	金100両あまり
2	明和 5年(1768)	天井普請	金35両3分，銀1匁5分8厘
3	安永 9年(1780)	天井普請	金23両2分，銀13匁5分
4	寛政10年(1798)	天井普請	金35両
5	文化 5年(1808)	天井普請	金20両
6	文政 2年(1819)	新規普請	金141両1分，銀14匁4分

注　三井文庫蔵「永要録」より作成。

してみると、九尺×二間の「元方穴蔵」では約三三・三両、二間四方のものでは約三五・三両である。先に文化五年（一八〇八）三井越後屋芝口店で建てた間口五間半、奥行三間の土蔵に、金四五二両がかけられていたことを述べたが、この場合の坪単価は約二七・四両となり、しかも土蔵は穴蔵よりも高さがあるため、容積を考慮するとさらに金額は低くなるはずである。この「元方穴蔵」の普請に、いかに莫大な資金が投じられていたかがうかがえよう。

しかも、こうした傾向はこの「元方穴蔵」だけではなかった。なお、江戸時代は長期的にみて物価の変動が少ないため、以下ではあえて時代を無視して述べたい。まず元文元年（一七三六）一一月に新規に普請された穴蔵の場合、二間四方で高さが六尺五寸のものでは銀六六〇六匁、二間×二間半で高さが六尺五寸のものでは銀八八〇〇匁で、当時の銀相場は、だいたい文金一両につき文銀五一匁二分ほどであったから、金に換算すると前者は約一二九両、後者は約一七二両であった。坪単価に直すと、前者は三二・二五両、後者は三四・四両という計算になる。

また、安永九年（一七八〇）四月に新規普請された「見世穴蔵」の場合も、その規模は不明ながら、普請金としてやはり金一〇〇両あまりが費やされ、その二六年後の文化三年

(一八〇六)四月、この「見世穴蔵」を廃棄し、新たに九尺×二間に高さ六尺五寸の穴蔵を普請する際にも、同じく金一〇〇両あまりが見積もられている。これも坪あたり金三三・三両である。ほかにも文久三年(一八六三)二月に普請された、二間四方で深さが七尺の「御用方穴蔵」も、坪あたり約二八・八両に相当する、金一一五両一分銀九匁がかけられていた。

安価な穴蔵　とはいえいかに三井家といえども、けっして高価な穴蔵ばかりつくっていたわけではなかった。嘉永二年(一八四九)二月、新しく「台所穴蔵」が普請されたが、これは縦一丈一尺、幅七尺、深さ七尺で、全工程の合計金額は金三八両であったことがわかっている。

この場合、二坪強の敷地で坪単価は金一九両と、先にみた穴蔵のほぼ三分の二程度にしかならない。この「台所穴蔵」の詳しい仕様が不明なので確かなことはいえないが、店舗用の「見世穴蔵」などとは違い、おそらく奥向きで使用されていたと思われるため、つくりも比較的簡素にしていたのではないかと推測される。同様に、元治元年(一八六四)二月に普請された面積不詳の「台所穴蔵」には、銀四貫二〇〇匁、つまり当時の銀相場は金一両につき銀七八匁五分七厘であったので、およそ金五三両二分に相当する金額が投下されていたことになる。

また、文久三年（一八六三）一一月の類焼後につくられた穴蔵も、焼失した会所穴蔵一か所を新規につくり替え、さらに見世穴蔵一か所の、焼け込んだ天井板を新しいものに取り替えるという作業に、材木代金と大工の手間賃・車力賃を加えた金額が、銀四貫五〇〇匁であった。これは、当時の銀相場を金一両につき銀八三匁四〜六分ほどとして換算するとおよそ金五四両となり、「会所穴蔵」一基と「見世穴蔵」の天井にそれぞれいくらかかったか、詳細な内訳はわからないものの、先にみた「元方穴蔵」や「見世穴蔵」と比べると、かなり安価で仕上げられていたことがわかる。なおこの「会所穴蔵」も店舗の奥の方につくられているので、「台所穴蔵」同様、簡素なつくりだったのかもしれない。

こうして見てみると、どうやら三井家では店舗の表と裏で、穴蔵の仕様に変化をつけていたようである。しかしいかに安価とはいえ、けっして少なくはない金額が、穴蔵の維持・管理にあてられていたのである。

費用の内訳
——ケースⅠ

このように、穴蔵の種類によって多少は普請金額に差が見られるが、具体的にいったい何にいくら費やされていたのであろうか。まず、先にも触れた「惣穴蔵修覆入用積書」から、元文元年（一七三六）一〇月の三

釘代	大工	合計(匁)	修復箇所・備考
			水付のため土くさり，修覆不能，潰すつもり
417.5	522.0	3,682.0	四方かわと底とも檜葉2.5寸，板内張，天井厚6寸新仕替
85.0	139.0	884.0	底板残らず檜葉2寸，板張替，惣かわすて1枚へり張替等
263.0	272.0	2,265.5	四方惣かわ底板檜葉3寸，板張替
			殊のほか損じ，繕修覆しがたく，埋潰
446.0	297.0	3,747.5	四方かわ，底とも檜葉3寸，板張替，天井厚6寸新取替
282.0	173.5	2,665.0	四方かわ，底所々埋木，天井，天井上かわ板へり新仕替
		凡此代 2,000.0 程	右四か所各別大損なく，少々ずつ埋木等は繕うつもり
446.0	297.0	3,746.5	四方かわ，底とも檜葉3寸，板惣張，天井新取替
		凡300.0	賄方　各別損じなく，所々埋木して修覆するつもり
		19,290.5	この文金321両2歩ト5分

表3　元文元年（1736）の穴蔵修復経費

	名　　称	縦	横	高　　さ	材木代	槙はた代
1	本 一 番	2間	2間	7尺5寸		
2	本 弐 番	2間	2間半	6尺2寸	2,720.0	22.5
3	本 三 番	2間	2間半	6尺2寸	645.0	15.0
4	中 一 番	2間	2間	6尺3寸	1,708.0	22.0
5	中 弐 番	2間	2間半	6尺4寸		
6	中 三 番	2間	2間	6尺5寸	2,982.0	22.5
7	役所穴蔵	2間	2間半	6尺5寸	2,202.0	7.5
8a	勘定所穴蔵	9尺	2間	記載なし		
8b	会所穴蔵	2間	2間半	記載なし		
8c	中帳穴蔵	2間	2間	記載なし		
8d	仕立店穴蔵	9尺	2間	記載なし		
9	台所穴蔵	2間	2間	記載なし	2,981.0	22.5
10	台所穴蔵	9尺	2間	記載なし		
	惣　　合					

注　三井文庫蔵「江戸本店穴蔵普請直段積之書付」より作成。

井江戸本店における穴蔵にかかわる諸経費を見てみよう。

そこで、これをまとめたものが表3であるが、一三か所の穴蔵のうち、1の「本一番」と5の「中弐番」は水漏れなどの要因から破損が激しく、修復が困難であるとの理由から埋めつぶされることになった。それ以外の穴蔵で多くみられる修復箇所は「四方かわ」「底板」「天井」という、穴蔵の主たる構成部分のすべてにあたり、この一連の修復には、しめて金三二一両以上もの大金が注ぎ込まれていたのである。

表4　修復経費率（単位は%）

	材木	槙肌	釘	大工
2	73.87	0.60	11.34	14.18
3	73.96	1.70	9.62	15.72
4	75.39	0.97	11.61	12.01
6	79.57	0.60	11.90	7.93
7	82.63	0.28	10.58	6.51
9	79.57	0.60	11.90	7.93

注　出典は表3と同じ。

次にこれらの修復費用を、項目別に全経費に対する割合で示すと、表4のようになる。まず釘代はほぼ一割前後で、大工手間賃は六・五%から一五・七%までとやや幅がある。そして槙肌が最も低く、3の「本三番」が二%に近いほかはすべて一%未満である。一方、最も経費率の高いものは材木代で、全経費の七割から八割を占めている。この理由は、ひとつにはこの当時の檜葉材の価格がとくに高騰していたことと、それに加えて「四方かわ」や「底板」に二寸半から三寸（約七・六～九・一センチ）、「天井」には六寸（約一八・二センチ）

というかなり厚みのある檜葉材を用いる必要があったためである。

費用の内訳——ケースII

次に寛政一二年（一八〇〇）一一月に修復が行われた、三井両替店「元方穴蔵」の入用を見てみよう。この修復には銀五七二匁四分が費やされているが、翌一二月に以下のように報告されている。

覚

一銀五七二匁四分　両替店にある元方穴蔵内の木戸の取り替え、その他修復費用

内

二四〇匁　木戸仕切り一式、新調渡し値段

五七匁　内総漆喰つくり替え、ならび底外まわりたたき土直し、手伝い三〇人

七〇匁八分　砂利二〇荷、石灰一五俵、砂二〇荷

五六匁　砂蓋用

柏木　厚さ一寸五分、幅二尺　三枚

二四匁　入口引き戸、並び砂留用

［虫喰い］中板二枚、杉板三枚

九匁　　　　三つ坪鉄物一口古取り替え
三四匁　　　入口戸巻銅一枚新調、三枚直し、ならび蕨手鉄物三つ
四匁二分　　銅鋲八〇本
七七匁四分　大工一八人

〆

右は、先達てお願い申し上げました元方穴蔵の内、仕切りそのほか修復費用、このとおりでございます、以上

申十二月　　　　　　　　　　両替店

元方

ここで最も高額の支出項目は「木戸仕切り一式」の銀二四〇匁で、全経費に対する割合は約四一・九%にのぼり、さらに「砂蓋用柏木」の銀五六匁と「入口引き戸」等に用いる板材の銀二四匁を合わせると銀三二〇匁、したがって材木類への支出だけで、五五・九%という高い経費率を占めていることになる。次いで高いのが人件費で、漆喰壁のつくり替えやたたき土直しの「手伝い三〇人」に銀五七匁、「大工一八人」に銀七七匁四分があてられており、これらを合わせると経費率は約二三・五%にのぼっている。つまり材木代と

人件費で、全経費の約八割が占められていたのである。

新規普請費用の内訳――ケースI

一方、新規普請の際の入用内訳はどのようになっていたのであろう。本書にしばしば登場している、元文元年（一七三六）一〇月に三井家の江戸本店に新規普請された穴蔵の場合を、以下で検討したい。

まず、胴木より上に厚さ六寸、下に五寸の檜葉材を用いた二間四方、高さ六尺五寸の穴蔵には銀六六〇六匁（金一二九両）が支出されているが、その内訳は「材木代」に銀五二七〇匁（経費率七九・八%）、「釘金物代」に銀七六七匁（同一一・六%）、「大工手間代、ただし槙肌とも」として銀五六九匁（同八・六%）が使われている。一方、厚さ六寸の檜葉材を用いた二間に二間半、高さ六尺五寸の穴蔵には、銀八八〇〇匁（金一七二両）が支出され、「材木代」に銀七〇五〇匁（経費率八〇・一%）、「釘金物代」に銀一〇三〇匁（同一一・七%）、「大工手間代、ただし槙肌とも」に銀七二〇匁（同八・二%）という内訳となっている（表5参照）。

この両者の場合、ともに材木代の経費率が圧倒的に高く、厚さ約一八センチの檜葉材に、全経費の約八割がかけられていたのである。このことからも、江戸の低地ではいかに漏れ水による材木の水腐りが深刻であったかが、再確認できよう。

表5　元文元年（1736）三井江戸本店新規普請穴蔵経費率（単位は%）

	面　積	高　さ	材木	金物	大工・槙肌	備　考
1	2間×2間	6尺5寸	79.8	11.6	8.6	檜葉，厚さ5～6寸
2	2間×2間半	6尺5寸	80.1	11.7	8.2	檜葉，厚さ6寸

注　三井文庫蔵「惣穴蔵修覆仕様値段積」より作成。

表6　弘化3年（1846）三井両替店勘定場元方穴蔵新規普請経費率

	経費率	摘　要
1	26.5%	外まわり土留枠一式，大きさ内法2間四方，杉赤身木厚3寸
2	26.1%	天井鏡板新規，木品柏幅広板，厚8寸
3	15.7%	穴蔵内四方底とも，石粉押一式，厚6寸付き
4	14.4%	掘方人足一式，古穴蔵掘り出し，新規入替手間とも
5	17.3%	穴蔵内押入1か所，台木，同所格子戸4枚，赤へな土20俵，竹・松・杉丸太，板割口石新規取り替え，大工・石工・手伝人足賃一式

注　三井文庫蔵「永要録」より作成。

続いて弘化三年（一八四六）三月、一二年前につくられた破損の激しい穴蔵を廃棄して、新たにつくり直された、三井両替店の「勘定場元方穴蔵」のケースを見てみよう（表6参照）。

新規普請費用の内訳――ケースII

さて、この穴蔵には金一四九両一分が費やされている。内訳は、まず厚さ三寸の杉赤身を使った二間四方の「外まわり土留め枠一式」に金三九両二分（経費率二六・五％）、厚さ八寸の柏の幅広板を使った「天井鏡板」に金三九両（同二六・一％）、四方側と底へ付着させる厚さ六寸の「石粉押し一式」に金二三両二分（同一五・七％）、古穴蔵を掘り出し、入れ替える手間賃を含めた「掘方人足一式」に金二一両二分（同一四・四％）、そしてそのほかには押入、台木、格子戸、赤へな土、丸太、口石、職人・人足賃金など一括して金二五両三分（同一七・三％）となっている。ここでもまた材木類に費やされた支出の占める割合が高く、ふたつの項目を合わせて金七八両二分、率にして五二・六％にのぼっている。

ところで、ここで注目したいのは「石粉」の存在である。この石粉は先にも述べたように、一九世紀になって三井家の穴蔵普請に登場してくる防水資材だが、ここでは初期の穴蔵に使われていたような厚さ約一八センチの檜葉材をあえて使用せず、その代わりに約九センチの杉材に約一八センチの石粉を付着させていたことになる。そしてその結果、従来経費率約八割に上っていた材木代が、石粉の費用を加えたとしても六八・三％に抑えられることになったのである。技術革新により経費率に変化が生じているのが、なかなか興味深い。

しかし、一般的な江戸時代の建築物すべての材木の経費率が高ければなんの問題もない。ところがこの異常に高い比率は、どうやら穴蔵特有の現象だったようなのである。

高い材木経費率

先に、文化五年（一八〇八）に建てられた三井越後屋芝口店の土蔵の普請費用について述べた。そこで内訳もすでに詳しく示し、その中で最も経費率の高かった項目が人件費であったことも簡単に述べた。もっとも、資材と賃金が合わせて書き上げられている項目もあるので、はっきりとした値は出ないが、根切り人足、地形足場人足、石屋・手間手伝人足、大工・手伝人足等々に銀一七貫八匁一分ほど、経費率にして六〇・七％にのぼるのである。一方、石材は約二・七％、材木類は一五・六％、砂利・古土類が二％、屋根が三・三％、釘・鉄物が二・八％と、これらの建築資材類を合わせても三〇％に満たないことがわかる。

また、規模は不明であるが、場所は日本橋伊勢町と思われる鈴木三右衛門家の町屋普請に関する寛延四年（一七五二）の「御普請御入用帳」を見ると、材木代は「お居宅ご普請ご材木ご注文の通り請け負い分」として金一〇八両と、「表ご座、お居宅内、普請増し材木代」として金五三両三分あまりの、金一六二両ほどが書き上げられている。一方、人件費としては、提灯かけふたつを含めた大工手間賃が金一一五両一分強、材料費込みの左官手間賃が金四四両二分強であった（『東京市史稿』産業篇）。ただし、この史料からも手間賃のみを読み取ることができず、加えて土蔵や井戸の普請費用まで含まれているために、「お居宅」のみの普請費用が不明確で、経費率を算出することができない。したがって、穴蔵普請時の経費率と正確に比較することは不可能であるが、人件費と比べてみても、穴蔵ほど材木の経費率が高いとは考えられない。

これらの事例から、材木の経費率の圧倒的な高さは、江戸の低地における穴蔵普請の特色のひとつだったといえよう。

穴蔵の備品

穴蔵を完成させるには、建築資材以外にもまだ出費が必要であった。文化三年（一八〇六）二月の三井家の史料には、普請工事中に使用されたと思われるロウソク一八五挺に対して銀一八匁五分が、飯料や大工らに振る舞われたと思われる酒代に九五匁九分が、手間賃とは別に支払われていたことが記されている。

ところで、穴蔵普請自体にかかわる支出とはいえないが、穴蔵の中になくてはならない備品の費用も不可欠である。三井家にいくつか記録が残っているが、まず戸棚。これは比較的多い割合で穴蔵内に設置されていたようである。文久三年（一八六三）二月、銀六九二四匁（金一一五両一分強）を費やし、新たに普請された「御用方穴蔵」の場合を見てみると、二間四方の穴蔵の中に、二間×三尺の檜の戸棚が一か所設置されており、大工の手間賃込みで経費率五・七％にあたる、銀三九五匁二分が支出されている。その他には銀一二四匁で格子戸四枚と、銀二三匁で錠前一口も書き上げられている。また、このとき水回りも同時に修理されたらしく、檜葉の水樋二本と桝二個が銀三〇六匁八分で設置されていた。

このほかにも用心砂や梯子《はしご》、または「鎮火用心車」に記されているような備品なども必要とされ、穴蔵をつねに使える状態に保っておくには、それなりの経済力が必要とされたのである。

穴蔵の耐久年限

では、このような莫大な資金を投入して普請、および維持管理されていた穴蔵の耐久年限は、いったいどれくらいだったのだろうか。

地下水の心配のない台地地域ならともかく、地下に水気の多い江戸の低地では穴蔵の破損が激しい。三井家の店舗用の穴蔵は、とくに厳選された高級資材を使い、大金をかけていねいにつくられており、さらに廃棄にいたるまでの間には、数十両かけた修復を何度も行っている。おそらく一般の穴蔵より、かなり手入れも行き届いていたはずである。

ところが、これまでみてきたように、宝暦一二年（一七六二）につくられた「元方穴蔵」は五七年目に廃棄されている。しかしこれはまだよいほうで、天保五年（一八三四）につくられた「勘定場元方穴蔵」は、わずか一二年で廃棄せざるをえなかった。元文元年（一七三六）に廃棄された二棟の穴蔵も、三井江戸本店が駿河町に移転した天和三年（一六八三）につくられたものかどうかは不明であるが、少なくとも半世紀を持ちこたえるだけの耐久性はなかったことになる。

それにもかかわらず所有されつづけていた穴蔵は、江戸の人びとにとって、やはり必要不可欠の存在だったのである。

穴蔵の資産価値

不動産としての穴蔵

以上のように、穴蔵を新たに普請するには高価なものでは金一〇〇両以上かかり、この額は坪単価計算では土蔵普請にかかる金額をはるかに超えていた。では、これほどの資本が投下されていた穴蔵は、不動産としてどの程度評価されていたのだろうか。

明和七年（一七七〇）、畳表・蚊帳を商う近江八幡の商人、西川庄六は江戸に進出するにあたり、日本橋通四丁目の屋敷を買い取った。その際、売主から家守《やもり》へ宛てた「買上証文」には、「家作居宅、土蔵穴蔵をあなた様にもらっていただき、そこで代金として金一八両一分と銀七匁八分五厘を確かに受け取り……」と明記されている（『東京市史稿』産業篇）。つまり売買価格の中には、土蔵とともに穴蔵も含まれており、穴蔵が不動産の一部として認められていたことがわかる。

また、弘化四年（一八四七）に、生活に困窮していた家守から三井家に宛てて提出された一種の借金証文である「家守年賦証文」からも、同様の傾向がうかがえるのである。

二間に四間　　続家一か所
八尺に二間　　穴蔵一か所

これは、われらが所持し住居している続家で、穴蔵とともにこの度あなた様方へ金五五両で売り渡しました。この代金を残らず確かに受け取りましたこと、間違いございません……

ここでも穴蔵は「続家」と並んで記されているが、こうした記述例はほかの「家守年賦証文」にもしばしば見られるのである。なお、この場合の穴蔵は、三井家の「見世穴蔵」など家屋の地下につくられていたものとは違い、おそらく「続家」同様に家屋とは独立した、半地下式の施設だったと思われる。しかしいずれにせよ、新規普請ならびに修復の費用に莫大な資金が投入されたことを考慮すれば、担保として評価されることは当然のことであったのだろう。

ところで、穴蔵の話を進める前に、少し江戸の賃貸住宅事情を説明しておかなければならない。江戸のいわゆる町人人口は中期以降五〇万人といわれ、先にも少し触れたが、その約七割が不動産を所有せず、土地や建て物を借りて住む「地借・店借」層であった。

江戸の賃貸住宅事情

さて、江戸の不動産は一般的に町屋敷とよばれる単位で売買や管理がなされており、江戸の中心部ではほぼ二〇間に設定されていた奥行のうち、表通りから五間までを「表坪」、そこから奥を「裏坪」といった。通りに面している「表坪」はおおむね店舗用に土地や家屋が貸し出され、その裏側に位置する「裏坪」には、古典落語でおなじみの裏長屋がところ狭しと並んでいた。今でいえばアパート経営のようなものである。しかし江戸では、その町屋敷の所有者である地主自身は遠隔地に住んでいる場合が多く、そこで地主に代わって店賃《たなちん》を集めたり、店子《たなこ》を管理していたのが家守《やもり》であった。なお、家守は家主《いえぬし》とか大家《おおや》ともいう。

ところがこの町屋敷経営も、必ずしも順風満帆とばかりいくわけではなかった。享保期(一七一六〜三五年)ごろから、店賃の滞納や空き家の増加が目立ってきたのみならず、火災の多い江戸でのこと、いったん焼けてしまえば新しく長屋ができるまで店賃収入は望めず、なおかつ莫大な建築費用がかかるうえ、「町入用」という一種の町の税金だけはコンスタントに納めなければならなかったから、かなり厳しい経営状態におちいっていた地主も少なくなかったのである。三井家でも、一時期一〇〇か所近い町屋敷を所有していたが、経営を続ければ続けるほど赤字が増えるため、血まなこになって買い手を捜していたほどである。

店賃と穴蔵

では、話題を元に戻そう。次にあげる史料は、まさにこうした賃貸住宅事情と穴蔵が、密接にかかわっているのである。

……そういうわけで、表一番の店の新右衛門は、商売上の都合で当春に引越しをし、表店が空き家になってしまい、はなはだ心痛なことでございます。ところが、この節確かな方面からの世話で、この表店を借り受けたいという申し込みがありましたが、店賃を値下げし、一か月金三歩二朱ずつにしてほしいといってまいりました。しかしとてもできないと思い、世話人に相談したところ、世話人がいうには、そのように便宜をはかってくれるのであれば、穴蔵も入れて住むといっているので、値下げの件を一応地主に頼んでくれないか、ということでした。穴蔵を入れるほどのことですので、末々長く住むでしょうし、ご勘弁いただけないかと思い、この件につきましておうかがい申し上げます……

これは寛政期（一七八九～一八〇〇年）ごろ、日本橋本石町一丁目に町屋敷を所有していた群馬郡高崎村の地主天田善兵衛に宛てた、家守の太刀家半兵衛の手紙の一部である（群馬県立文書館蔵「天田家文書」）。実はこの天田家も、空き家問題や長屋の類焼で収益が上がらず、二〇年ほどで町屋敷経営から撤退している。さて、ここで家守の半兵衛は、空き家として放置しておくくらいなら、店賃を値下げしてでも貸し付けたほうがよいのではないか、と申し立てている。そこでひとつの判断基準となっているのが、入居希望者が穴蔵をつくるといっている、ということである。つまり彼らの間には、穴蔵をつくるには莫大な費用がかかり、引越す際に持っていかれるものでなし、穴蔵惜しさに長期間にわたって居住するだろう、という共通の認識があったといえよう。

ここで貸借の問題になっているのは、間口二間二尺五寸、奥行四間半の敷地であるため、三井家で所有していたような大規模な穴蔵を設置したとは考えにくい。しかし、本石町といえば駿河町同様低地に位置しており、やはり防水対策は不可欠であったはずである。したがって穴蔵を諦めて簡単に夜逃げできるほど、安価に仕上がったとは思えない。いずれにせよこれらの事例から、一般的にも穴蔵イコール資産価値のあるもの、として評価する傾向のあったことは、指摘できよう。

穴蔵の評価額

もっとも、せっかくの穴蔵を捨てて蒸発してしまった人もいないことはない。先にも紹介した京橋の南塗師町の紺屋と、南鞘町の大工がそうである。もちろん、彼らが穴蔵を自分自身で設置したのか、もともと設置されていた部屋を借りていただけだったのか、詳しいことはわからない。さて、彼らが残していった諸道具を含めた穴蔵を、処分するために行われた入札の落札価格は、前者が金三両三分銀五匁八分、後者は金一両銀三匁八分であった。金額的にいえば、三井家の穴蔵普請費用に遠くおよびもしないが、「一石一両」といわれていた時代のこと、それでも金三両あれば米が三石（約〇・五キロリットル）買えたのである。ただし、後者は「古穴蔵」と記されているので、入札に際しほとんど評価されていなかったとも考えられるが、いずれにせよ資産の対象として見なされていたことは確かである。

ところで、天保の改革により同一三年（一八四二）、歌舞伎の江戸三座などが浅草の猿若町へ移転することとなるが、「天保撰要類集」によると、そのとき立ち退き料が支払われていたことがわかる。

　木挽町五丁目の芝居小屋などに引越しが申し付けられ、敷地内の引き払う者どもへ、家作一坪につき銀一五匁ずつ、土蔵一坪につき銀三〇匁ずつ、穴蔵一か所、大が銀一五匁、小が銀七匁五分ずつ、ただしこれは二坪以上が大、以下が小のつもりであるが、ならびに河岸・水茶屋分も一坪につき銀一〇匁ずつ、引き払いの手当てを下さることになり、その分は左の通りです……

これは町年寄から町奉行へ提出されたと思われる書類の一部であるが、このとき実際に、芝居茶屋の経営者である金三郎という人物は、四五坪五合の家作に金一一両一分と銀七匁五分、三坪三合三勺の土蔵一か所に金一両二分と銀九匁九分、二坪二合五勺の大穴蔵一か所に金一分という割り当てで、立ち退き料をもらうべく申告している。この立ち退き料の相場からすると、穴蔵は土蔵の四分の一程度にしか設定されていない。もっとも土蔵の丈の高さを考慮すれば、半額程度にはなるかもしれないが、それでも普請費用を考えると、意外と安い印象がある。が、いずれにせよ不動産として認められていたのは、明らかである。

明治初期の穴蔵評価額

時代は下るが明治維新を迎え、江戸から東京になったころ、東京湾岸に鉄道が敷かれることとなり、用地買収にあたり芝口界わいの一四番組地域でも、建造物によりそれぞれ立ち退き料が算定された。明治四年（一八七

表7　明治4年（1871）芝口界わいの立ち退き料

	建造物の種類	等級	立ち退き料	
			金	銀
1	瓦葺二階家（1坪あたり）	上	6両3分	5匁
2		中	5両3分	3匁
3		下	4両2分	8匁
4	瓦葺中二階家（1坪あたり）	上	5両3分	9匁
5		中	4両3分	8匁5分
6		下	4両1分	5匁8分
7	瓦葺平家（1坪あたり）	上	4両	2匁5分
8		中	3両2分	3匁5分
9		下	3両	8匁
10	柿葺二階家（1坪あたり）	上	6両	7匁
11		中	5両	8匁
12		下	4両1分	3匁
13	柿葺中二階家（1坪あたり）	上	5両	2匁
14		中	4両1分	1匁5分
15		下	3両3分	1匁5分
16	柿葺平家（1坪あたり）	上	2両3分	2匁5分
17		中	2両1分2朱	3匁
18		下	1両2分2朱	6匁
19	納屋物置（1坪あたり）	上	2両2分	2匁
20		中	1両3分	10匁
21		下	1両2分	
22	雪隠（二疋立ち1か所）		1両	
23	土蔵（1坪あたり）	上	41両	10匁
24		中	32両1分	2匁5分
25		下	22両3分	12匁5分
26	穴蔵（9尺四方・深さ6尺3分）	大	17両	
27	穴蔵（6尺四方・深さ6尺3分）	小	11両2分	

注　東京都公文書館蔵「建築・事務・往復録」より作成。

三）の「建築・事務・往復録」（東京都公文書館蔵）には、その基準が詳しく記されている（表7）。この表を見ればわかるように、この中では土蔵の立ち退き料が最も高く、23の上等の土蔵では一坪あたり金四一両である。これは、当時としてはかなり上等な建物であったはずの、1の瓦葺二階家の約六倍に相当する。これに対して26の大型の穴蔵の場合、敷地面積が二・二五坪ほどなので、一坪あたりでは約七両二分強の立ち退き料となる。これは土蔵以外のどの建造物よりも高く算定されてはいるものの、土蔵の五分の一程度の額にしかならない。

また、東京都公文書館蔵「鉄道一件」には、汐留町新町三角屋敷の立ち退き料が記されているが、こちらも上等の土蔵は一坪あたり金四九両一分と銀一匁五分に設定されている。一方、面積は明記されていないが大型の穴蔵の金額は、金二四両二分三朱と銀二匁八分五厘なので、仮に二・二五坪とすると約一〇両二分強ということになり、やはり土蔵の五分の一程度なのである。さらに、汐留町四番地にある一坪の穴蔵の立ち退き料が金八両であるのに対し、土蔵は一坪あたり金四一両と銀一〇匁で、穴蔵の金額の約五倍に算定されている。

そして、本芝一丁目の地主加茂屋善治郎所有の地所の場合、六坪二合五尺の中等の瓦葺

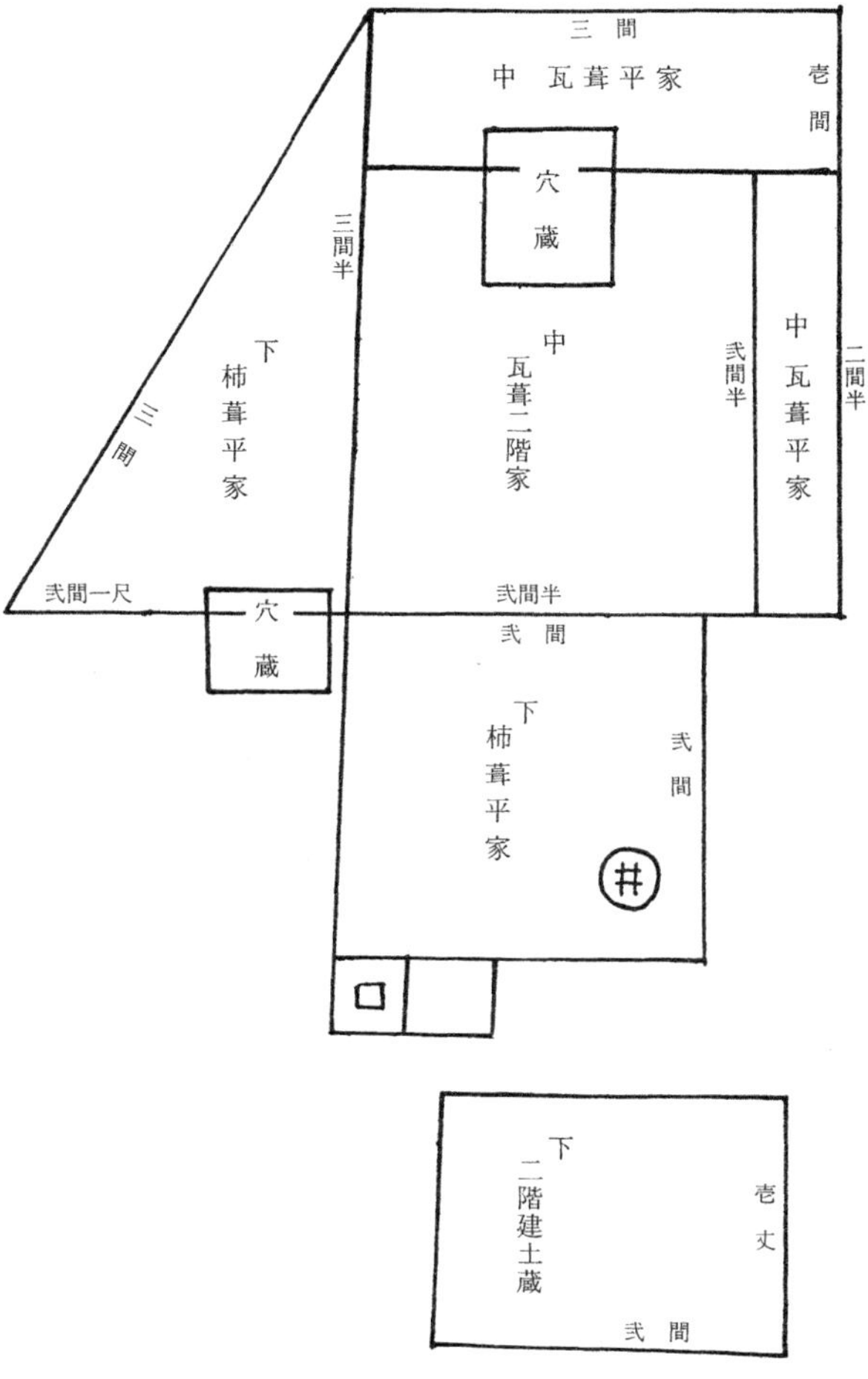

図16　地主加茂善治郎所有の地所図（東京都公文書館蔵「鉄道一件」より作成）

二階家に金三三両二分強、三坪三合三勺の下等の二階建土蔵に金七六両強、約二坪の穴蔵二か所に金三二両の立ち退き料が設定されている。これを一坪あたりで計算すると、それぞれおよそ金五・四両、二三・八両、八両となり、やはり土蔵、穴蔵、住宅の順に低くなっている。ただしその割合には、土蔵の評価が低いため、ほかの例ほどの開きは見られない。

これらのことから、当時の穴蔵の立ち退き料の算定基準は、一般の住宅や物置・雪隠《せっちん》などよりかなり高く設定されていたが、だいたい上等の土蔵の五分の一程度に決められていたと考えられる。つまり、江戸から明治になっても、穴蔵の評価に大きな変化はなく、土蔵には負けるものの、立派に不動産としての価値を保っていたのである。

穴蔵大工の正体

「鯰絵」に描かれた穴蔵大工

安政大地震後の職人賃金

本題にはいる前に、穴蔵をつくる職人の呼び方について考えておく必要がある。彼らのことを『守貞漫稿』では「窖工《あなぐらこう》」「穴蔵屋」といっているが、その他の史料には「穴蔵師」とか「穴蔵大工」という名称も使われている。これら別々の呼称の職人を、すべて同一の業務内容を持つひとつの職種として把握してよいかどうかはおいおい検討するとして、以下ではとりあえず、便宜上これらを総称して「穴蔵大工」とよび、記述を進めていきたい。

さて、安政二年（一八五五）一〇月二日夜、大地震が江戸を直撃した。これが安政大地震とよばれるもので、このとき市中のいたるところから出火し、火元はおもなものだけでも三〇か所におよぶという。そのために延焼した町屋は幅二町（約二一八・一八メートル）、長さ二里一九町（約九九二六・七一メートル）にわたり、倒壊家屋は約一万五〇〇〇軒、つぶれた土蔵数は約一四〇〇で、死傷者は七〇〇〇人以上といわれるほどの、大惨事となった。しかし幕府の対応は早く、その夜のうちに、諸物価と職人賃金の取り締まりを実施し、諸色値段・職人手間賃等を引き上げたのでは諸人が難儀するので、すべて実直に心得、もし背くものがあれば厳しく沙汰するので、そのことをよく申し付けるようにと、名主らへ通達している（「地震一件」『東京市史稿』変災篇第一）。

ところが、幕府の素早い対応にもかかわらず、やはり職人賃金は高騰をはじめたのである。七日後の一〇月九日、老中阿部正弘は町奉行へ「覚」を交付し、この度の地震と出火で材木・板類・その他諸色など何品によらず高値であること、また諸職人・人足などにいたるまで、手間賃等が格別に引き上げられていることを聞いているが、不届きなので早々に町々へ通達し、違反者は召し捕らえるよう、命じている。そしてさらに一二日には、建材の卸値と運賃の引き上げを禁じるとともに、職人賃金値上げを再びかたく禁止する町触も出された（前同史料）。もっとも、災害の直後に物価や職人賃金の高騰することは毎度のことで、今回も相変らずのことであった。

しかし一一月一六日、不当に高い賃金を取っていたとして、遂に逮捕者が出たのである（「地震珍説集」同書）。銀二四匁の日当を得ていた大工や左官・屋根屋・瓦師たちである。彼らの賃金の相場は、明暦三年（一六五七）には銀三匁であったので、今回はその八倍に相当する金額を受け取っていたことになる。しかしこれは、氷山の一角だったようで、大地震後なかなか下がらない職人賃金に業を煮やした幕府は、ついに取り締まりの強化に踏み切ったのである。

下がらない職人賃金

翌安政三年（一八五六）二月、まず職人らの住所・氏名・職業などに関する取り調べが実施された（東京都公文書館蔵「撰要永久録」、以下同じ）。その対象となった職種は、大工棟梁、穴堀（掘カ？）大工棟梁、杣頭に立っている者、木挽のおもだった者、橋穴蔵大工棟梁、建具職木柄師のおもだった者、左官棟梁、左官手伝いのおもだった者、土こねのおもだった者、鳶人足頭取、土手組人足のおもだった者、土方人足割頭の者、川並鳶人足頭、車持、艀下船宿行事、軽子日雇雇方のおもだった者、小舞掻頭に立っている者、大伐頭に立っている者、屋根職（その所の講世話人が毎日雇い出して世話をしている者）、瓦師（町々にある得意先を持っている者）、瓦師手伝いといった、橋穴蔵大工を含む建築関連職人のほとんどで、かなり細部にわたり取り調べの手がおよんでいたことがわかる。

さらに三月になると、町奉行から諸職人および町火消人足頭取らへ、次のように申し渡している。

去る卯年（＝安政二年）の地震出火のため、諸職人の手間賃と人足雇い賃などの引き上げをしないように、追々町触を出しており、おまえたちのうちのおもだった者からは連印の請け書を差し出させているが、やはり過当の賃金を取っている者があるためそれぞれ召し捕り、吟味の上お仕置き・お咎めを申し付けた。つまるところ、これはおまえたちの話し合いが不徹底であったためで、不埒《ふらち》の至りである。この節武家屋敷の普請・修復に取りかかることになり、諸家においても同様に格別に精を出し、賃金はかねてから通達している通りに心得、これからは職人共の取り締まりのため、名主どもで番組ごとに行事または世話方を立てること。もっとも自分勝手に仲間規定などを取り決めることは構わず、人数の増減も自由にしてよく、行事・世話方の名前のみ書き出すこと。右の通り申し渡したからには、不相応の請け負いをしたり、または相対で過当の賃金を受け取る者があれば、当人はもちろん、行事・世話方の者ならびに頭取どもまでも、厳重の沙汰におよぶので、いささかもいい加減なことのないよう、厚く申し合わせること。

つまり諸職人の番組を定め、行事、あるいは世話方といった管理職を置き、その名前を町奉行に提出させることとなったのである。これは、彼らに普請場や雇用に関して差し支えのないよう監督させ、また不相応の受注や過当の賃金受領のないよう監視させるのが目的であった。

賃金の自主規制

この通達を受け、諸職人たちはさっそく、賃金に関して次のような申し合わせを行っている。

かねて一〇月以来申告してきた賃金は、早出・居残りを見込んで増額してあるので、この上早出・居残りの賃金を増額して受け取る者は、御番所へすぐに申し上げ吟味すること。また、過当の賃金の受け取りを今回取り締まってはいるものの、平和時よりは増額になっており、それなのに不弁の仕手職人などが不埒な癖のついた賃金を見競い、正当な増額の賃金を当分許可しているのを心得違いし、工事現場へ遅く出向き、休憩時間を長く取り、不届きな勤務態度をとる職人は、その現場の町役人より召し連れて訴えることとなり、そうなるとその棟梁はもちろん、その組同職の世話方・行事どもまでお咎めがあるので、仕手・弟子へ厳重に申し付けること。

こうして諸職人らは自主管理をすることとなり、金額についても規制をはじめた。四月

表8　安政3年（1856）4月の職人公定賃金

	職人1人宛	手間賃	飯料	道具代	備考
1	穴堀大工	5匁5分	1匁5分		早出居残共/5日後4匁5分に改定
2	橋穴蔵大工	4匁5分	1匁5分		早出居残共
3	大　工	4匁5分	1匁5分		早出居残共/平和時手間賃4匁2分*
4	下大工	3匁5分	1匁5分		早出居残共/平和時手間賃3匁7分*
5	左　官	4匁5分	1匁5分		早出居残共/平和時手間賃4匁2分*
6	左官土こね	400文			≒銀4匁1分6厘
7	左官手伝	300文			≒銀3匁1分2厘
8	鳶人足	348文		48文	合計≒銀3匁6分2厘
9	川並鳶	3匁1分			早出居残之節は6匁2分
10	土手鳶人足	348文		48文	合計≒銀3匁6分2厘
11	平人足	300文			≒銀3匁1分2厘
12	土方人足	400文			≒銀4匁1分6厘
13	瓦　師	548文			飯料早出居残共/≒銀5匁7分0厘
14	瓦師手伝	348文			飯料早出居残共か/≒銀3匁6分2厘
15	家根職	4匁5分	1匁5分		早出居残共/竹釘代2匁
16	石　工	7　匁			早出居残塩焼料共/去10月7匁5分
17	建具職	6　匁			
18	杣　職	2匁5分			7日後3匁に改定
19	大伐職一組	964文			≒銀10匁0分2厘
		1貫100文			樫木伐手間飯料道具代共/≒銀11匁4分4厘
20	木柄職手間	4匁5分	1匁5分		

注　1　＊印は飯料込み。

2　安政3年1月4日の相場：金1両＝銀68匁7～9分＝銭6貫616文。

『東京市史稿』市街篇第44より作成。

になると不相当の賃金を受け取らないようにと、それぞれで賃金の取り決めを行い申告しており、このとき定められた職人賃金を表8に示した。さて、穴蔵大工の別称のひとつと思われる橋穴蔵大工の賃金は、「一人に付、手間賃四匁五分、飯料一匁五分　但、早出・居残り共」と決められていた。この値は飯料、つまり食費込みの金額であるが、穴堀大工・石工の銀七匁につぎ、大工・左官・建具職などとともに、銀六匁という高賃金に設定されていたのである。このことは、穴蔵への信頼感を背景に、穴蔵大工の持つ技術が高く評価されていたことを物語っている。

ところで、この表8を見ればわかるとおり、いくら自主規制したとはいえ、物価の高騰と超過勤務手当分を考慮しても、明暦三年（一六五七）以来の相場に比べてかなり高賃金に設定されていたようである。たとえば、平和時の大工賃金は飯料込みで銀四匁二分とされているが(3)、これは明和九年（一七七二）の大火に定められた上限の賃金に相当する。しかも当時黙認されていたのはこの一割増しまでであったので、いくら高くても飯料込みで銀四匁五分が限度となる。ところが今回は、もともと平和時の賃金も高く設定され、飯料込みで銀六匁に決められているのである。一方、町奉行も、諸職人の自主性に任せてある建前上、これ以上の指導はできなかったと考えられる。

こうした職人賃金の高騰ぶりが、江戸庶民の揶揄《やゆ》の対象にならないわけがない。それは「世直し」願望とともに、「鯰絵《なまずえ》」というかたちで現れたのである。

「鯰絵」の流行

宮田登氏によれば、「鯰絵」とは安政大地震の直後に出現した一枚摺《ず》りの木版画の総称で、鯰が地震を引き起こすという俗信に基づき、主人公である鯰と地震との関係を主軸に添え、庶民の災害に対する反応を表現しているところが、図柄の特徴だという。また同氏によると、「鯰絵」には地震を歓迎するような詞書《ことばがき》が添えられており、鹿島信仰を背景に、新しい世界の出現を地震に対して期待する意味も表現されていたようである（『江戸学事典』）。そして宮田氏がすでに指摘しているように、「鯰絵」の中には、人間のからだに鯰の頭を持った職人姿の〝人間鯰〟や、または〝人間鯰〟と職人が仲良く遊び惚《ほう》けているような場面が、数多く描かれている。しかも彼らはいずれも楽しげに見える。

土木・建築関連職人の多かった江戸においては、地震で被害をこうむる反面、地震後の建築特需による景気回復が待ち望まれ、また彼らが実際に、特需の恩恵に預かっていたことも、否定できない事実である。そして穴蔵大工もまた、その恩恵を共有していた職種のひとつであった。

「もちいる物」と「おあいだな物」

ここでは実際に、鯰絵の中で穴蔵大工がどのように描かれていたかを見ていきたい。次にあげた図17・18の二枚の番付には、ナマズこそ登場しないが、これも鯰絵同様の内容をもつ。ともに「もちいる物」と「おあいだな物」、つまり地震において有用な物と不要な物を並べ上げるというモチーフで描かれている。

まず「時世時節　当時もちいる物　当時を（＝お）あいだな物」を見ると、「もちいる物」寄りの行司には土方人足が、差添には材木屋が、勧進元には諸職人が名を連ねているが、これらはいずれも建築特需で利益を得た職種である。これに対し「をあいだな物」寄りの行司には歌舞伎役者が、差添には輸入雑貨商の唐物屋が、勧進元には惣芸人が上げられている。ここからは、娯楽や贅沢品を扱う職種が、災害後の人びとに受け入れられなかった状況がわかる。

さて、番付の方はどうかというと、土蔵が「をあいだな物」の大関にあげられる一方で、「もちいる物」では柿《こけら》葺《ぶ》き屋根を関脇に、平家住宅を小結に、杉丸太などを前頭に抑えて、穴蔵が堂々大関にあげられているのである。一般に地震の際、地下は地上の五分の一の揺れしか感じないといわれており、穴蔵の耐震性の強さが土蔵の弱さと対比され、高く評価

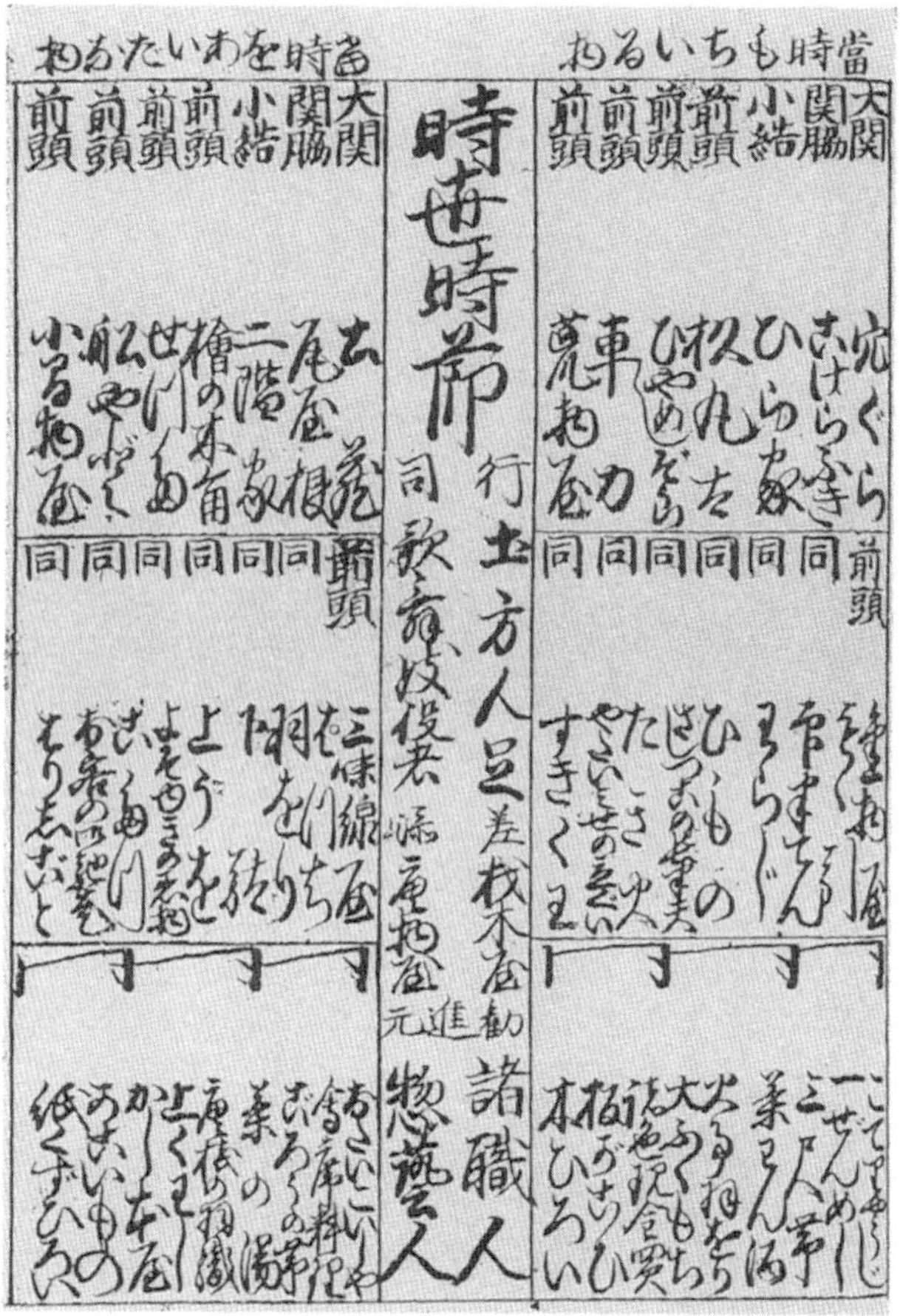

図17　時世時節　当時もちいる物　当時をわいだな物
（「見聞雑録」）

図18　地震出火後日はなし

されていたことがわかる。なお、当時はまだ横綱という格がなく、大関がランクのトップであった。

次に「地震出火後日はなし　用るもの　おあひだ」を見ると、まず「用るもの」では行司に「貰い溜めた施行《せぎょう》」、年寄に「山出しの木口」、勧進元に「家作十工」を配する。この家作十工とは大工・左官・屋根葺き職人・土方やもちろん穴蔵大工などをさすと思われるが、幕府や富商などが被災者に金品を施す施行が盛んに行われたことと、材木や土木・建築関連職人の需要の多さが読み取れよう。そして番付の内容はといえば、平家の庭付き、金借り、柿屋根などをおさえ、穴蔵が大関に位置している。また「おあひだ」では行司に「蔵を震った財布」、年寄に「役者の旅行」、勧進元に「諸芸遊民」を配し、金持ちや娯楽関係者の不景気を示している。そして三階づくり、金貸し、瓦屋根などをおさえて、これまた穴蔵が「大関」の地位におさまっているのである。

「用るもの」には「これで安心　穴蔵をたすけ」と、「おあひだ」には「おやのなみだ　穴蔵をおとし」と記されている。つまり、「鎮火用心車」に述べられていたような手入れを日ごろから十分にしていれば、穴蔵は有益な耐火・耐震倉庫となりうるが、いくら土蔵より強いとはいえ、手入れをおこたり破損した箇所を放置していたりすれば、明け放たれた穴蔵の入口から子どもが落ちたり、火が入ったり、振動に絶えられない場合もあったのであろう。穴蔵によって助かった者、被害を被った者との明暗が別れたのである。いずれにせよ、地震の際、穴蔵が人びとの注目を浴びていたことにまちがいはない。

「大鯰後の生酔《おおなまずのちのなまえい》」も、モチーフとしてはこれまで見てきた「鯰絵」とほぼ同じである。大ナマズに剣を突き立てて〝腹を断っている〟「腹立ち上戸　鹿島太神宮」を中央に、上部には「笑い上戸の方　儲《もうけ》連中」を、下部には「泣き上戸の方　おあひた連中」を配している。

「大鯰後の生酔」

まず不景気な「おあひた連中」の方には、咄家《はなしか》・声色《こわいろ》・講釈師・義太夫などの寄席芸人や、上菓子・べっこう屋・ギヤマン（＝硝子）・象眼師《ぞうがん》・唐物屋《からもの》などの高級品をあつかう職・商人、そして貸本・俳諧師・将棋指し・碁打ち・生け花師匠などの文化・教養にかかわる分野の人びと、また地震の混乱のため借金取り立てのできない金貸しや、地震で財産を失った金持ちに囲われていた「かこい者」などが登場している。

一方、「儲連中」の方には、大工・左官・鳶・材木屋などおなじみの土木・建築関連職人・商人や、大寿司・立ち食いなどの手軽な外食産業のほか、景気のいい職人たちを顧客とする半纏屋《はんてん》や、職人たちの疲れを癒すだけでなく、棟上げ式や振舞いの機会も多かったのであろう、酒屋の姿も見受けられる。そしてもちろんその中に「あなくらや」という書き込みのある着物を着た人物も描かれているのである。実はこの鯰絵、セリフ入りのバージョンもあり、そちらを見るとこの穴蔵大工、「番付で見れば大関だが、しかしせっかく儲けたのを仮宅の女の、女の穴蔵へ運び込んだ」と述べている。

ここで面白いのは、鯰絵の中で別の鯰絵を話題にしていることで、先に上げた番付スタイルの鯰絵がいかに世間に流布していたかがわかる。さて、仮宅というのは吉原遊廓が焼失した際に建てられる仮の遊廓のことで、このときは浅草の花川戸や山の宿、浅草広小路、深川の仲町や永代寺門前、黒江町などに、六〇〇日のあいだ設けられた。仮宅は、吉原の通常の料金よりかなり割安であったため大繁盛し、花魁《おいらん》も「儲連中」の方に描かれている。ところが、仮宅の遊女よりさらに格安だったと思われる夜鷹《よたか》もまた、「儲連中」の中に描かれているのである。

つまり、仮宅がいくら通常より安価だったとはいえ、地震により不景気になった客はさらに安い夜鷹のもとへ通い、それなりの収入を得ていた者だけが、仮宅通いをしていたのだ。穴蔵大工が通っていたのは夜鷹ではなく、まぎれもなく仮宅の方であった。ということは、彼らがそれなりの収入を得ていたといういい証拠である。地震後、穴蔵の新規普請、

(「安政二年江戸大地震絵図」)
が穴蔵大工，右は左官。

図19　大鯰後の生酔
丸囲み内中央の人物

あるいは修復需要がいかに増加したかがうかがえよう。

しかし、建築特需でせっかく儲けた金も、仮宅の遊女に入れあげて使ってしまうところなど、いかにも金ばなれのよさを美徳とする江戸の職人らしさを感じさせる、おもしろい作品といえるのではないだろうか。

「鯰の見舞い」

「鯰の見舞い」は、地震で利益をあげた職人・商人らが、地震を起こしてくれたために、体力を消耗しきってしまったナマズを見舞っている場面を描いたもので、屋根屋・材木屋・大工・左官・鳶《とび》・骨接ぎなどの姿の中に、穴蔵大工も混じっている。

この鯰絵には、鳶が儲かったお礼に油揚げを持って来たことを告げるセリフが書かれていたり、また土方は儲けた金で金貸しでもはじめようかとか、左官は儲かって酒がうまいとか、駕籠《かご》かきは儲かりすぎて肩が痛いとか、ナマズに対して口々にお礼の言葉を述べ、感謝の気持ちを表しているのである。江戸で地震の被害を全面的に受けたのは、やはり財産を持っている者で、〝宵越しの金を持たない〟といわれる庶民には失うべき財産もなく、かえって建築特需によって景気がよくなり、彼らにとってナマズはまさに大恩人といったところだったのであろう。

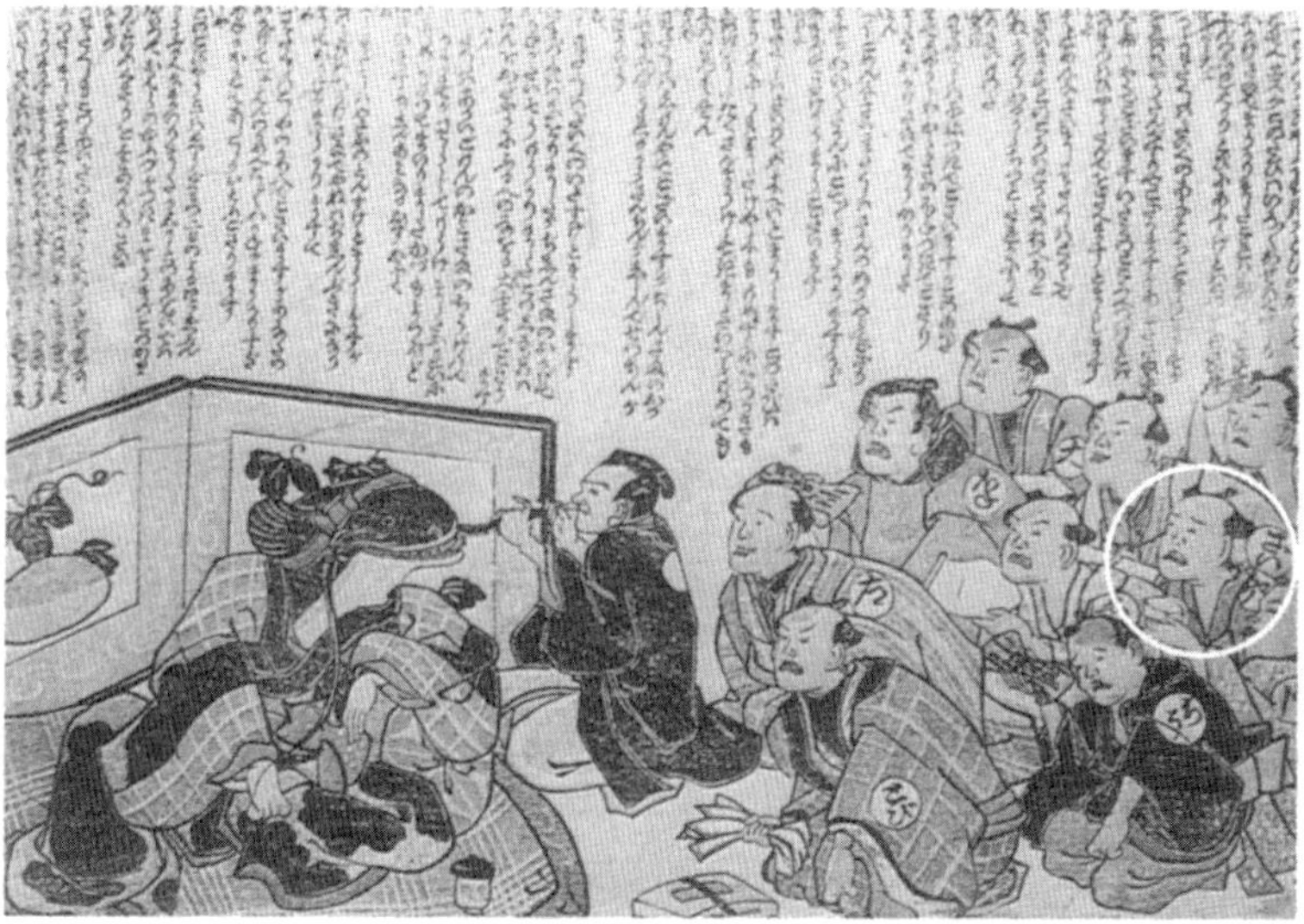

図20　鯰　の　見　舞　い
丸囲み内の人物が穴蔵大工。

㊅印の付いた半纏を着た穴蔵大工もまた、「ヘイ、わたくしは大工のあなはちと申しますが、これはヒョウタン薬でござりますが、あなた様に大妙薬でございます、痛みのところへつければ、ナマズはヒョウタンで抑えますと申します」というセリフを述べている。歌舞伎の「瓢簞鯰《ひょうたん》」に見られるように、ヒョウタンはナマズとかかわりが深く、鯰絵には欠かせないモチーフである。一方のナマズは、私もこのあいだの地震でからだを台無しにし、それ以来頭がずきずきして困る、もう世間を穏やかに頭痛のないようにしたいと思うが、震えがまだ治らないので〝世直し薬〟でも用いてめでたく治したい、といっている。庶民の願いを代弁したかのようなセリフである。

描かれた穴蔵大工

さて、これまで見てきた鯰絵の中の穴蔵大工は、みないわば普段着姿であった。しかし、彼らの働く姿を描いている作品もある。そのひとつが「見立ちう身ぐら（＝見立て忠臣蔵）」である。この絵はいわゆる「抜文句」の一種で、タイトル通り、地震で得した人や損した人などが、歌舞伎「仮名手本忠臣蔵」の場面に見立てて表現され、大工やナマズなどとともに、穴蔵大工も描かれているのである。この穴蔵大工の上部には、「忠臣蔵」九段目のお石のセリフである「お所望申ハそれでハない　〇あなぐら」という詞書が添えられている。そして当の穴蔵大工はといえば、四枚

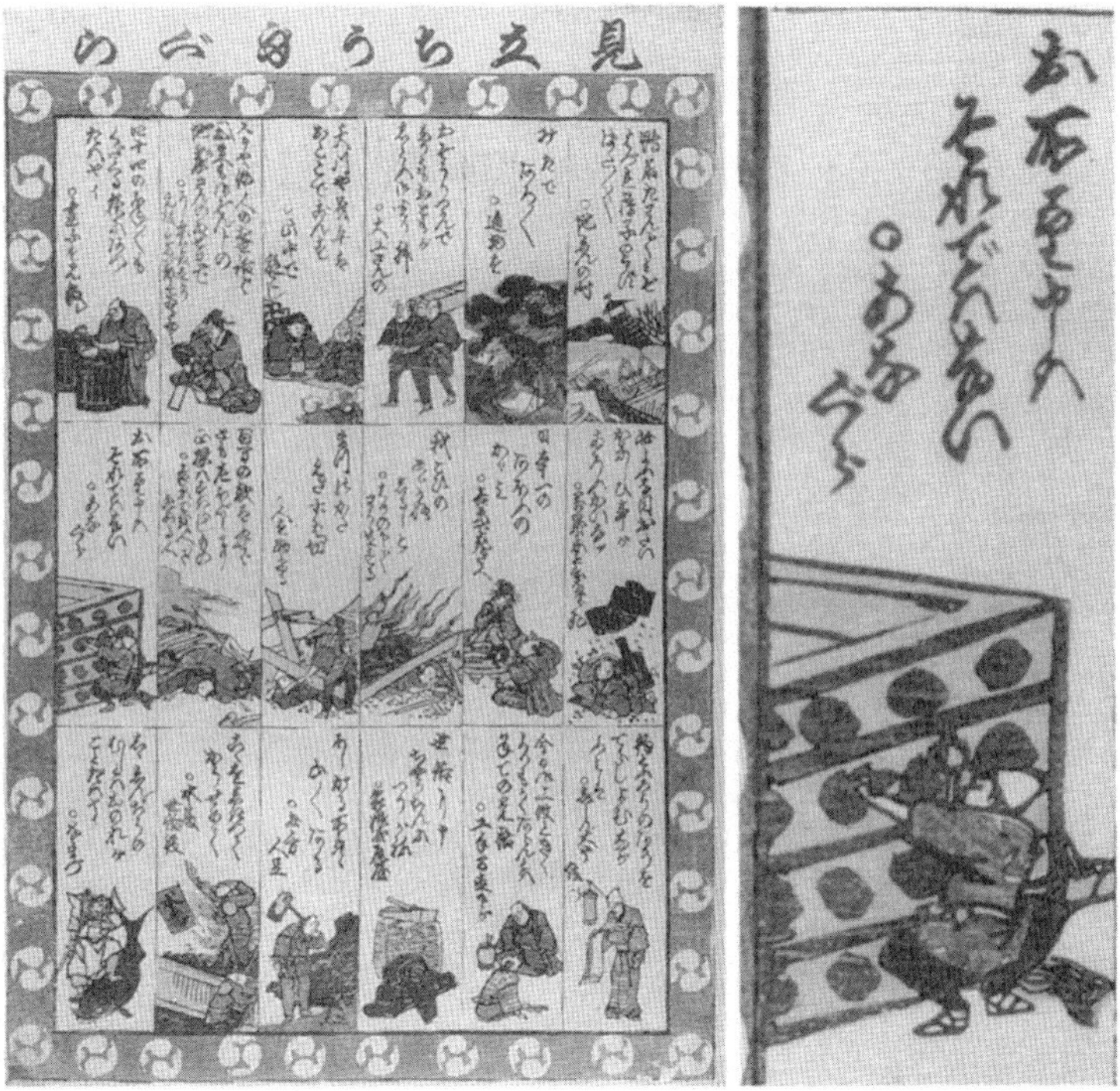

図21　見立ちう身ぐら（たばこと塩の博物館蔵）
右は拡大部分。

図22　当時はやり物
丸囲み内の人物が穴蔵大工。

の板を横に並べ、繋ぎ合わせた穴蔵の側板を細工している最中である。

また、「当時はやり物」という鯰絵も、儲けた人と損をした人との対比をモチーフにした作品である。儲けた側の人びとを描いたこの図にも、穴蔵大工をはじめとして屋根屋・瓦師・車力《しゃりき》・左官・畳屋・大工・土方・鳶・材木屋などの建築関連職人・商人らを中心に、安価で手軽な屋台の天ぷら屋、一膳めし屋などの飲食店に加え、骨接ぎをする御手療治《おてりょうじ》や、職人の景気に便乗して儲けた半纏屋・鞋《わらじ》屋等々が登場している。そしてここではそれぞれ仕事中の様子が描かれており、穴蔵大工も下帯《したおび》一枚になり、小槌《こづち》と鑿《のみ》のような道具で材木らしき物を加工しているのである。これらの絵から、穴蔵大工の仕事内容を想像すれば、それはまさしく地上で材木を加工して穴蔵の本体部分にあたる桝型《ますがた》をつくり、防水加工を施すことだったといえよう。

以上みてきたように、鯰絵の中には多くの職人とともに穴蔵大工が描かれていたのである。ここからは、

①安政大地震後の江戸において、穴蔵と穴蔵大工がいろいろな意味で注目されていた。

②穴蔵大工は、あくまでも穴蔵本体の材木部分を製造することをおもな業務としていた。

という二点が指摘できる。『守貞漫稿』には、京坂地域では穴蔵に材木を使わずに切り石

を使い、穴蔵大工という職種もなかったと記されているが、材木を使わないのであれば、穴蔵大工の出る幕はない。一方、江戸でも地下水の心配のない台地に設置されていたような素掘りの穴蔵は、穴蔵大工の仕事ではなかったことになる。すると素掘りの穴蔵をつくっていたのは誰か……。これはおそらく後述する、掘方人足の仕事だったのではないかと考えている。

しかし、江戸の低地地域には穴蔵を必要とする人口も密集しており、また地方では江戸ほど火災や地震が頻発していないとなれば、やはり穴蔵大工は、江戸だからこそ成立しえた職業だったといえるかもしれない。

穴蔵をつくる人びと

穴蔵屋の業務

先に、穴蔵製造にあたる職人の名称にはいろいろあり、それが同一の業務内容を持つものかどうか検討の余地のあることを述べた。これまで見てきた鍬絵には、材木を細工し、組み立てている穴蔵大工の姿が描かれているが、次に、文化三年（一八〇六）三井家の穴蔵の新規普請にかかった費用を書き上げた史料をみていきたい。

穴蔵入用覚

一六〆三一八匁五分

内法二間四方、深さ六尺五寸、穴蔵一か所新規、板厚さ七寸、敷五寸、天井八寸、

銅板厚さ一尺、釘打脇長手一通二〇本打ち、天井一通二〇本、檜木大角、右大工手間、釘、槙、縄、車力、掘方一式

内

五〆六八五匁　　材木、釘、大工手間、槙、縄、車力、掘方一式
九匁五分　　莚《むしろ》代
一九一匁九分　　手伝人足　七七人
四五匁　　大工手間　一二人
二一四匁九分　　材木、松板、貫代
五八匁六分　　釘、鉄物代
一八匁五分　　蠟燭一八五挺
九五匁九分　　飯料・酒代とも

右の通り御座候、以上

江戸
寅二月　　窖居
京本店

この史料は「江戸窖居」が作成したと記されているが、この人物もしくは組織は、材木や鉄物などの資材の調達はもちろん、「大工」や「掘方一式」の手配から、普請完成後に執り行われるの振舞いの支度にいたるまで、一手に担当していたことがわかる。つまり、この史料中に記されている「大工」こそが、鯰絵から連想される穴蔵大工であり、彼らを差配し、すべてを仕切っている「江戸窖居」のような業者が、一般に「穴蔵屋」とよばれていたのである。

掘方人足と水留左官

この史料に見られる「掘方一式」というのは、掘削用具のほか、掘削作業を行う人足も含んでいたと思われる。穴蔵を完成させるには、穴蔵大工のつくった木製の本体部分を納める穴を地下に掘らなければならないが、鯰絵のイメージでは、穴蔵大工が穴掘り作業まで担当していたとは考えられない。しかも、場所にもよるが関東ローム層にはかなり硬い部分もあるため、穴を掘る専門職が必要であった。

そこで先にもあげた、弘化三年（一八四六）の三井家江戸両替店の勘定場元方穴蔵を新規に普請する際書かれた記録を見ると、「掘方人足一式、古穴蔵掘り出し新規入れ替え手間とも」とある。さらに嘉永二年（一八四九）の同店「普請入目目録」にも、「下地古穴蔵掘り出し、新規入替え、掘方手間人足一式請け負い高」という支出項目がみえる。つまり古くなった穴蔵を掘り出し、新しい穴蔵を入れ替える作業を行っていたのが、掘方人足だったのである。また文政七年（一八二四）同店の「入目目録」にも「見勢穴蔵修復掘方手間とも、山溜（留のことか）材木代とも」という項目があげられている。したがって、これらの史料から穴蔵普請に掘方人足が参加していたことは明白で、また階段つきの素掘りの穴蔵のような場合、彼ら中心に作業が進んでいたとしか考えられない。

ところで、この「入目目録」には「右（＝見勢穴蔵）水溜左官手間一式」という支出項目があげられている。江戸時代の史料で厄介なところは句読点の打たれていないことで、この記述の場合も〝水留と左官手間一式〟なのか、あるいは〝水留左官の手間一式〟なのか判別が難しい。しかし前者のように水留〝と〟左官といいたいのであれば、両者の間に〝並〟という文字が入るべきだし、また史料の筆の勢いから判断すると、後者が正しい可能性もある。だとすれば〝水留をする左官〟の意味か、もしかしたら「水留左官」という職種が存在していたのかもしれない。今のところ、これ以外の史料からは「水留左官」どころかただの左官の存在すら確認できていないが、左官が穴蔵に壁土を塗るという意味は、やはり防水効果を期待してのことであったと考えて差し支えなかろう。

工務店としての「穴蔵屋」

このように、穴蔵を普請するにはさまざまな能力を持った人びとが必要とされていたことがわかるが、ここでいったん、これまで見てきた史料や鯰絵から類推される、大まかな穴蔵製造過程を整理しておこう。まず、発注者から注文を受けた穴蔵屋は、資材と職人・人足を手配する。次に、穴蔵大工が本体となる枡型を材木と釘で組み立て、槙肌やチャンをすき間に詰めるなどの防水加工を施す。その一方で、土砂崩れのないよう材木で山留めしながら、掘方人足が穴を掘り、掘り出した土を大八車で運ぶ。また地下水の多い場合には、左官が水留め作業を受け持った。そしてでき上がった枡型に縄をかけ、穴の中に降ろし、地面を固めて穴蔵は完成する。最後に職人・人足らに、酒かあるいは酒代の名目の金銭が祝儀として振舞われ、全工程は終了する。穴蔵屋は製造全工程の細部にわたり、差配していたのである。

しかし穴蔵屋が携わっていたのは、穴蔵づくりだけではなかった。三井家江戸向店に関する安政五年（一八五八）の「仮家建目録」には、

一　二二四匁　勘定場穴蔵天井腐り候につき、取り替え申し候材木、ならび大工手間とも

という「穴蔵屋」本来の業務を示す項目のほかに、

一　九七八匁五分　　穴蔵屋

雪隠《せっちん》箱二、流し惣樋、ならび湯殿一組

とあり、また万延元年（一八六〇）江戸本店の「普請諸入用目録」には、

二九二匁五分　　筧《かけひ》立樋二本、上流し、下流し、居《すえ》風呂一本新規、穴蔵砂

蓋一枚新規　　和助殿払い

という項目が見られるのである。この「和助」という人物は砂蓋もあつかっており、彼が「穴蔵屋」であったことは、容易に想像がつくであろう。

そして文久三年（一八六三）江戸向店の「仮家建目録」にも、火災によって焼失・破損した会所穴蔵と見世穴蔵の普請入用とは別項目として、

一　一貫四八七匁五分　　穴蔵屋分

雪隠箱三、流し筧、湯殿一組、そのほか直し手間代

と、記されている。さらに元治元年（一八六四）一二月の「普請諸入用目録」には、

四九五匁　　筧、埋樋、立樋、上流し、下流し、居風呂とも

穴蔵屋和六払い

（中略）

一六九匁　　用心土箱　五か所
　　　　　　　穴蔵屋和六払い

という項目が見られるのである。この「和六」と先の「和助」との関係は不明であるが、ともに「穴蔵屋」として雪隠や湯殿の普請を担当していたことがわかる。

さらに彼らは、上水普請にも携わっている。神田上水や玉川上水などの普請・修復を行う業者は、そのつど入札によって決定され、その入札には、幕府御用達の石方棟梁や樋橋切組形棟梁・足代師などが参加していた。しかし万延元年（一八六〇）に行われた、山王町・南大坂町河岸通り下水の陸樋二か所の普請入札を落札したのは、「穴蔵屋藤吉」なる人物であった。藤吉が幕府上水掛の役人に提出した、価格の内訳書を見ると、彼が手配したのは五種類の松板材、二種類の貝折釘、鋲、槇皮、大工、石伐り、水留め専門の掘埋人足、手伝い人足、埴、ジャリ、車などであったことがわかる（国立国会図書館蔵「玉川上水」）。これらは穴蔵製造の材料に酷似しており、防水技術を誇る穴蔵屋が、上水普請を得意としていたことも十分うなずける。

以上に示した史料から、雪隠や湯殿・流しなど家庭内の施設から上水にいたるまで、水回りの普請に幅広く穴蔵屋がかかわっていたことは明らかである。つまり、穴蔵を普請する際は人足・職人や資材を手配して作業を主導的に進める一方、その防水技術を生かして水に関連する施設の普請も請け負う、一種の工務店的な役割を果たしていたのが穴蔵屋であったといえよう。

のちに詳しく述べるが、一七世紀後期に書かれた『江戸鹿子』には、「穴蔵屋」ではなく「穴蔵師」という職名が示されている。この「穴蔵師」もおそらく湯殿や雪隠、あるいは橋梁普請などにも携わっていたと推測されるが、はたしてこれが組織化された工務店の形態なのか、技術者としての個人作業の形態をとっていたのか、詳しいことはわかっていない。一方、三井家にかかわる史料の中で「穴蔵屋」の存在の確認できるものは、今のところ一九世紀のものしかない。江戸では元禄期（一六八八〜一七〇二年）以降人口が増え、それにともない穴蔵の需要も増加したと思われる。また、元来江戸にはなかったといわれる内風呂が幕末期には盛んにつくられている。史料不足のため推論の域を出ないが、こうした水回り設備の需要が増加するにつれ、個人としての「穴蔵師」が、掘方人足や左官などの穴蔵大工以外の職種とも結び付きを深めるなかで、徐々に組織化され、「穴蔵屋」としてより能率的な職能集団へと変貌を遂げていったと考えられないだろうか。いずれにせよこの業務内容は、明治初期まで受け継がれていたのである。

山師と穴蔵

しかしまだ問題が残っている。それは穴蔵を掘る最終的な場所を決定するのは誰か、ということである。当然、大まかな場所の指定は穴蔵を注文した施行主がするのであろうが、いざ掘るとなると、もし単に場当たり的に位置を決めていたのであれば、普請作業中に側面が崩れてきたり、あるいは水が吹き出してきたりする危険が考えられる。そこでそうした危険を避けるため、ほかの穴蔵との距離とか、水はけのよい場所などを見極めることのできる、地下事情に精通した〝山師〟的な人物が必要なのではないだろうか。ところが少なくとも文献資料を見た限りでは、そのような職業の人物が存在していた形跡は認められない。とすれば、それは経験豊富な穴蔵大工か掘方人足によってなされていたとしか解釈のしようがない。穴蔵普請には、特殊な能力を持ったさまざまな人びとが携わっていたようであるが、その全貌を明らかにするには、もう少し調査する必要がありそうである。

穴蔵大工の系譜

京坂にはいない穴蔵大工

さて、これまでの記述で穴蔵がいかに精巧につくられていたかということが、だいたいおわかりいただけたと思うが、それでは穴蔵をつくっていたのは、いったいどんな人たちだったのであろうか。喜田川守貞の著した『守貞漫稿』には、次のように記されている。

窖工　俗に穴蔵屋という。霊岸島川口町にこの工が多い。またほかの町にも往々にして住んでいる。（中略）土蔵のある人も金銭の類は、必ず穴蔵にしまっておく。また小家の者は土蔵より費用が安いので穴蔵をつくり、火災時に雑物を納めるための備えとしている。極粗雑品には底のないものもあり、これを称してやつま穴蔵という。精巧なものも、粗雑なものもともに水が漏れて平日の用にはよくない。京坂には蓄金用のみ石でつくる。水漏れはない。あるいは解船材でつくる。別に窖工はいない。江戸は木製である。

さて同書によると、江戸では霊岸島川口町に穴蔵大工が多いが、関西にはいなかったと記されている。先にも少し触れたように、京坂では蓄金用の穴蔵を石でつくるが、水漏れはないということなので、材木を使い、防水加工を得意とする江戸で活躍していたような穴蔵大工の出番は、残念ながら用意されていなかったのである。この記述の中には、江戸と関西というふたつの地域以外の状況は明らかにされていないが、こうした事情で関西では明らかに生業として成り立たなかった穴蔵をつくる専門職が、少なくとも江戸においてはけっして珍しい職業ではなかったのである。

地誌に見る穴蔵大工

次に、江戸では専門職として成り立っていた穴蔵大工が、江戸の地誌の中にどのように描かれていたのかを見てみよう。貞享四年（一六八七）に刊行された藤田理兵衛選『江戸鹿子』には、以下のような記述がある。

（前略）

伊勢町通り　南は江戸橋より北へ白銀町土手近所まで

この町筋諸職商家
米　わた　紙問屋　茶問屋　指物屋　穴蔵師　塩　醤油
（中略）
小船町南通り　北は小船町一丁目より南へ崩橋まで。小船三町、小網町三町、箱崎町
この町筋商家大概
米　塩物類問屋　諸色問屋　船大工　穴蔵師　瀬戸物　網屋
（中略）
白銀町通り　西はお堀より東へ追廻馬場まで。銀町四町、塩町
この町筋商家
薪屋　穴蔵　合羽屋　唐笠　指物屋　障子　古材木　古道具　宮持仏
（中略）
舟作りならび穴蔵大工　南八丁堀、小網町、うなぎ堀、銀町土手
この所で古穴蔵をこしらえる
（以下略）

なお、元禄一〇年（一六九七）に刊行された「日本国花万葉記」にも、ほぼ同様の記述

が見られる。さて、ここには「穴蔵師」と「穴蔵大工」というふたつの表現が見られるが、この違いはいまのところ不明である。いずれにせよ、一七世紀後期にはおもに神田・日本橋地区の堀に沿った地域、いわゆる河岸地に、米屋もしくは米問屋・塩物類問屋・指物屋・船大工などとともに、穴蔵大工がいたことがうかがわれる。そして『守貞漫稿』の記された幕末期には、霊岸島川口町のような河岸地にも、「往々在《あ》」るような状況になっていたのだろう。なお、この場所が居住地なのか、仕事場なのかはっきりしないが、町人が河岸地に居住することは考えにくい。

ところで、穴蔵大工にとって、河岸地の都合のよかった理由のひとつは、先にも触れたように、チャンなどを作る際火を使うため、家の建て込んでいない河岸地が作業場として適していたこともあったと考えられる。

諸職人の居場所

一七世紀後期、穴蔵大工以外の諸職人はどのあたりにいたのであろうか。もともと徳川家康が江戸に入府した当初、まだまだ未開の地であった江戸の町づくりを遂行するため、当時の江戸では調達できないような優秀な技術を持った職人たちを、関西や家康の地元の三河などから呼びよせたのである。その際徳川家は彼らに居住地を与えたのであるが、このような職人の集住は、その後成立する新政権江戸

表9　貞享4年（1687）刊『江戸鹿子』に見る職人分布

穴蔵師	伊勢町通	南は江戸橋より北へ白銀町土手近所まで
	小船町南通	北は小船町一丁目より南へ崩れ橋まで。小船町3町，小網町3町，箱崎町
	白銀町通	西は御堀より東へ追廻馬場まで。銀町4町，塩町
舟作並穴蔵大工		南八丁堀，小網町，うなぎ堀，銀町土手，此所にて古穴蔵拵也
船大工	小船町南通	北は小船町一丁目より南へ崩れ橋まで。小船町3町，小網町3町，箱崎町
	立売通	西は御堀端より稲荷橋まで。立売町，金六町，南八丁堀5町
	霊巌島	本湊町2町，長崎町，四日市4町，白銀町2町，塩町
木挽	三十間堀通	北は京橋河岸より南へ新橋河岸まで，此間八丁の内を三十間堀という
	江戸橋南通	北は江戸橋より南へ水谷町まで。本材木町8丁，水谷町
石屋・石切	江戸橋南通	北は江戸橋より南へ水谷町まで。本材木町8丁，水谷町。（石屋）
	鍛冶橋通	西は御堀端より東へ本材木町まで。五郎兵衛町，畳町，具足町柳町。（石切）
	北紺屋町通	西は御堀端より東へ霊巌橋まで。北紺屋町2町，竹町，北八丁堀5町，松屋町。（石屋）
	立売通	西は御堀端より稲荷橋まで。立売町，金六町，南八丁堀5町。（石屋）
石屋		北八丁堀，本材木町八丁目
大工	京橋南西中通	北は西紺屋町より南へ山王町河岸まで。弓町，内町，弥左衛門町，新右衛門町，滝沢町，惣十郎町，山王町
	江戸橋南通	北は江戸橋より南へ水谷町まで。本材木町8丁，水谷町
	鍛冶町通	西御堀場より東へ本材木町行当り。鍛冶町2町，鈴木町，因幡町
屋根葺	日本橋南西中通	北は西河岸より南へ京橋北紺屋町河岸まで。呉服町横丁，南大工町横丁，檜物町横丁，上槙町横丁，桶町横丁，鍛冶町横丁，五郎兵衛横丁
	京橋南西中通	北は西紺屋町より南へ山王町河岸まで。弓町，内町，弥左衛門町，新右衛門町，滝沢町，惣十郎町，山王町
	三十間堀通	北は京橋河岸より南へ新橋河岸まで，此間八丁の内を三十間堀という
	江戸橋南通	北は江戸橋より南へ水谷町まで。本材木町8丁，水谷町
	鍛冶町通	西御堀場より東へ本材木町行当り。鍛冶町2町，鈴木町，因幡町

幕府にとっても、職人統制がしやすいという利点があった。しかし年数を経るにつれ、江戸の町の拡大や強制移転により職人地の分散化が起こり、また居住地を与えられていたような有力職人の中には没落する者も出て、このころの職人たちはすでに散在していたのである。

さて、表9は、『江戸鹿子』に記されているおもな建築・土木関連職人である船大工・木挽《こびき》・石屋石切・大工・屋根葺について、居住地あるいは仕事場としている地域をまとめたものである。なお、この時点ではまだ本所・深川地域の開発は完成されていないため、日本橋地域が中心となっている。この表を見てまず気づくことは、河岸地で仕事をしていたのはなにも穴蔵大工だけではなかった、ということである。当時たいていの職人が、川や堀を挟んだ細長い形の地域に集住していることがわかる。つまり、おもに有力商人によって占有されていた日本橋地区の本町・本石町・室町・通町、京橋地区の南伝馬町などの大通りに面した地域を取り囲むようにして、これらの職人たちが水辺周辺に存在しているのである。どうやら穴蔵大工もそのなかの一業種にすぎないようであるが、しかし気になるのはその位置関係で、穴蔵大工はすべて日本橋川の北側に集中している。しかも不思議なことに、ほかの業種と混在することもない。

これは、現段階では確実な史料もないので決定的なことは何ひとついえないのだが、穴蔵大工は新興職人だったためではないか、ということである。つまり、大工や木挽・石工・屋根葺職人などが、徳川家康が江戸に入府した天正一八年（一五九〇）直後の段階から、江戸の町づくりに参加していたのに対し、穴蔵普及の契機となったのは明暦三年（一六五七）の大火と考えられることから、穴蔵大工は半世紀以上もほかの職人より出遅れた格好となる。

そのために、すでに日本橋川の南側に成立していた職人地に入り込むことはもはや不可能で、しかし先にも述べたように、穴蔵大工の技術を必要とするのは、低地地域に設置される木製の穴蔵であり、防水加工の必要ない素掘りの穴蔵ではない。したがって仕事のない台地地域に拠点を構えるわけにもいかず、そこで低地地域のややはずれにもみえる場所に仕事場を構えることになったと、推測できるのではないだろうか。この点に関しては、ほかの職人の存在形態も含めて、さらに深く検討しなければならない。

材木問屋と木挽職人

そしてさらに注目すべき点は、材木業者との関連である。白銀町通りには古材木屋もあり、伊勢町通り・小船町南通りのすぐそばの新材木町南通り、西河岸通りから茅場町にかけての地域や、霊岸島といった地域に材木屋がみられる。もっとも、材木屋も商品を運搬するうえで河岸地を必要とするため、穴蔵大工の近辺に材木屋が位置していても不自然なことではないが、先に述べたように穴蔵屋が穴蔵普請時には材木も調達していたことから、両者の間に強いつながりのあったことは否定できない。

しかも、時代は下るが、材木問屋の下で製材作業に従事していた木挽職人の天保三年(一八三二)の「仲間規定」の中にも、「仲買材木屋はいうに及ばず、たとえ河岸穴蔵屋に限らず、得意場所を持ち、弟子を持つ者は、さっそく棟梁へ加入すること」と明記されており(東京都公文書館蔵「大鋸職文書」・吉原健一郎「江戸木挽仲間と徒弟制度」)、得意先と弟子を持つ「河岸穴蔵屋」を木挽棟梁の支配下に置こうとしていたことがわかる。したがって材木という物資をめぐって、材木問屋・木挽職人・穴蔵大工という三者の関係が、おぼろげながら浮かび上がってくるのである。しかし、残念ながら史料の制限もあり、これ以上詳しく言及することはできない。

船大工と橋大工

また、技術と材料の面から穴蔵大工と船大工との関連もすでに指摘されており(古泉弘著『江戸の穴』)、確かに三井家やその他の穴蔵に船板を使用していたという記録もあるし、安宅丸の幽霊話もそうである。先述の『江戸鹿子』には「舟作りならび穴蔵大工」という項目も見られる。また、ご先祖様が「山長」という屋号の船大工だったという山口勝治氏のご教示によれば、この山長は神田上水の普請に携わっており、御茶ノ水付近に設置された掛樋をつくったという。この伝承が正しいとすれば、穴蔵大工が得意とする上水普請を、船大工も行っていたことになる。両者間に技術的なつながりのあったことに、疑問を差しはさむ余地はなかろう。

ところが、穴蔵大工との関連をうかがわせる職種がもうひとつある。橋大工がそれである。先に述べた安政大地震発生後の諸職人取り締まりに際し、「橋穴蔵大工」という職種が明記されている。橋づくりと穴蔵づくりは技術面で共通性もあり、また先にみたように上水普請の入札の際、橋梁製造業者と競合したり、明治期の穴蔵大工組合の規約書などとも考え合せると、少なくとも幕末期以降、橋大工と穴蔵大工がともに同じような仕事にかかわっていたことが推測される。しかし橋大工自身の存在形態もよくわからず、穴蔵大工との関係についても見るべき史料がないため、両者がどう結び付いていったのか、あるいは分裂していったのか、不明である。

なお、現在では偽書とされている「天正日記」に、天下普請にともなう橋梁架設に際し、日光の「はしかけ長兵衛」という橋大工の召し出されたことが記されている。また同書では、このとき奉行を勤めた「新太郎」は、文禄の役で伊豆から船板を伐り出した人物としている。この記述を、なんらかの伝承の象徴としてみれば、近世初頭から船大工と橋大工はともに大規模な水回り関連の公的事業に関与していたということになる。このことは穴蔵大工の系譜を考えるうえで、ヒントのひとつとなろう。

仮説を立てれば、穴蔵大工の系譜は技術面では船大工と橋大工の二系統に帰着し、江戸の町づくりにともなう橋梁普請や上水普請のひと段落ついたころ、彼らの中から穴蔵づくり中心の仕事に切り替える者が出てきたのではないだろうか。江戸時代初期こそ、幕府は天地丸や安宅丸などの巨大船舶を造営するが、その後巨大船舶の造営を禁止する。腕のいい船大工も江戸にはたくさんいたはずである。

近年、東京ではさまざまな江戸時代の遺跡が発掘されているが、これらの中から、雪隠跡と見られる多数の遺構が次々と検出されている。このことから、江戸は非常に衛生的な都市であったといわれているが、これはとりもなおさず、江戸に多く存在していた優秀な穴蔵大工の活躍の成果である。穴蔵大工は穴蔵だけでなく、橋・上水から雪隠にいたるまで、江戸の人びとの暮らしに大いに貢献していたのである。

消えた穴蔵

東京人の防火意識

明治初期の穴蔵

徳川政権が瓦解し、江戸時代が終わりを告げ明治維新を迎えたからといって、世の中すべてが一気に近代化されたわけではない。江戸が東京と名前を変えてもまだ、穴蔵は使われていたのである。

先にも触れたように、明治四年（一八七二）の新橋～横浜間の鉄道開業に向け、用地買収が行われた際の建造物調査では、家屋・雪隠・土蔵などとともに穴蔵も引料の対象になっていた。また、翌五年大火が発生し、類焼地域の木造家屋を煉瓦建築に建てかえることが決定した際、この費用が地主の自己負担であったため、京橋の竹川町と出雲町の大通り沿いの住民四二人が、資金難を理由に建て替え猶予を願い出ている。その際提出された陳情書には、使用している住宅に関するデータも記されているが、そのうち三人が穴蔵を所有していた。

同六年、駅逓寮用地として銀座二丁目の土地が接収されることとなり、このときにも穴蔵に引料が設定されているし、この年に発生した大火を報じた「東京日日新聞」にも「穴蔵の焼け抜けたるはその数知りがたし」と書かれていることから、明治初期においては江戸時代と同じように穴蔵が大活躍していたことがわかる。ところが、明治二〇年代（一八八七〜九六）ごろになると、穴蔵の繁栄に陰りが見えはじめてくるのである。

明治二三年（一八九〇）、いわば週刊賃貸住宅情報誌である『かし家札』が創刊された（『東京市史稿』市街篇第八〇）。これは当時の旧一五区を対象とし、創刊号には四五九件の物件が紹介されている。ところが、穴蔵をセールスポイントにしている物件は、

○芝区芝口三丁目四番地表二階建て、間口三間奥行き五間半、上四畳半二間、下三畳半六畳、一式付き、敷金一〇円家賃五円、穴蔵付き商業向き

○浅草区浅草三軒町四番地表通り二階建て、間口二間奥行き四間半、六畳三畳、敷金五円家賃四円、穴蔵付き商業向き

という二件だけなのである。これは全体のわずか〇・四％にすぎない。

江戸時代にあんなに活躍していた穴蔵は、いったいどうなってしまったのだろうか。このことは、新政府が次々と打ち出してくる防火政策となにか関係があるのかないのか……。

新政府の防火対策

新政府がまずはじめに防火政策に着手したのは、明治三年（一八七〇）一月のことで、防火対策の理由から、家屋建築を制限する町触を出している（『東京府史料』『東京市史稿』市街篇、以下同じ）。

明治三庚午年正月二七日

一、町々の家作について、類焼防止のため土蔵づくり・塗屋などにするようにと、先前より布令しているが、とかくいい加減に考え、今に至ってもこのような家作はまれで趣意が行き届かず、不本意の至りである。今後はいささかでも余力のある者はなるべく土蔵づくり・塗屋などにし、火事のわずらわしさから逃れるよう心がけること。

但し、通例の家作で、表面上形ばかりの塗屋では、火災の節防火にはならず、かえってケガなどあり、よろしくないので、実に財力のおよばない者は、通例の家作でよいこととする。

一、往還大道筋はもちろん、横町・裏町ともみだりに張り出し、建て足したりしているので、道幅八間のところが七間、または六間あまりにもなり、五間・四間・三間ほどに減っている場所が少なからずある。出火の節通行の妨げになって、消防の手当てが存分に施しがたく、その害は少なくないので、新規家作はもちろん、古い家でも敷地外の道にはみ出した部分は、追々取り除くこと。

一、従前、火除地として町屋を建ててはいけない場所へ、昼のあいだ葭簀《よしず》を振り回し飴菓子等を商い、夜分はすべて取り払い、わずらいにならないのであれば許してきたが、近ごろは乱れて出願もせず、本家作に紛らわしく見え、かつ昼夜ともこの火除地広場などに住む者もあるように聞き、もってのほかである。今後このような者があれば取り払いを申し付けるので、ここに建て置いている分も、追々取り払うようにすること。

右の趣、町中洩らさぬよう触示すること。

このように、家作の土蔵づくり・塗屋づくり化を促進し、往来にはみ出した違法建築を取り締まり、簡易店舗を撤去させて火除地を確保、類焼・延焼の防止と消火活動の円滑化を図っている。また同年閏一〇月に「消防改革」と称される政策が通達されているが、これとて目新しいこともなく、江戸幕府の政策を継承するかたちで新政策はスタートした。

しかし、新政府が本腰を入れて防火政策に取りかからざるを得ない事態が起こった。明治五年（一八七二）二月二六日、大火が発生したのである。祝田町から出火したこの火災では、焼死者こそ八名（三名説あり）であったが、築地・銀座・尾張町・新肴町・元数寄屋町・南鍋町など四一か町（二四か町・三四か町説あり）が焼失し、罹災人口も実に一万九八七二名にのぼった（川崎房五郎著『銀座煉瓦街の建設』）。しかも、類焼地域がこのように東京の中心部であったため、諸官庁の施設などをも巻き込み、発足したばかりの新政府が受けた打撃の大きさは、たやすく想像がつく。

銀座煉瓦街建設

そこで新政府は翌二七日、この火災で類焼した銀座などの地域における本家作を見合せるよう通達し、二八日から焼失跡の測量を開始した。そしてこの火災から四日たった二月三〇日、太政官から東京府へ「東京府下の家屋建築は、火災を免れるため、追々一般を煉瓦石で取り立てるように評決が出たので、その方法・見込みを立て、大蔵省と打ち合せをすること」という指導がなされた。そこで東京府と大蔵省とで検討し、当初は家屋建築法を制定し、貸家会社を設立するという構想もあったようであるが、賛同が得られず却下されている。

そして三月二日に東京府知事から通達されたのは、「とかく従来の習慣で、常に火災にあうことを当然のように人びとは考えているが、それでは損耗が莫大で忍びないので、東京が一国の首都となった今、このほど類焼した銀座などの町々では、道幅を広げ、家屋はすべて煉瓦石ですぐに建築に取りかかること」というものであった。しかし「通常の家作よりは費用がより一層かかるので、それらのところは銘々の迷惑にならないよう、調査の上特別の方法を設けて、近々施行されるはずである」と、具体的な手当方法も示さないまま、見切り発車のかたちでこのような決定がなされたのである（「法令類纂」）。それでも最終的には、自力で建築のできない住民に対しては地券を買上げ、工事費用はすべて大蔵省で立て替え、後日払い下げによって資金を回収するという方法が取られることとなった。

こうして明治六年（一八七三）五月、銀座煉瓦街が一部完成し、入居希望者に引き渡され、同一〇年五月に煉瓦化が完了してからは、次々と払い下げられていった。当初は不人気で空き家も目立っていたというが、それも一五年ごろから解消され、銀座は文明開化の模範的なハイカラな地域となった。とはいうものの、当初煉瓦街にする予定だったのは東京全域であった。それが東京府と大蔵省、そして何より東京住民それぞれの思惑の違いから、試行錯誤のすえ実際に煉瓦化されたのは、京橋以南のわずかな地域にとどまったのである。したがって、この煉瓦街建設が穴蔵消滅の決定的な要因とは考えられない。

官民あげての防火対策

政府はこうした政策以外にも、明治一四年（一八八一）二月から火災予防事業を企画している。その内容は、

①おもな幹線道路に面した地域は、防火線路となるような石づくり・煉瓦づくり・土蔵づくりなどの耐火建築か、耐火性の強い倉庫でなければ建築を許可しない。

②屋上は瓦・石・金属などで覆う。

③裏屋を新築する際は、路地幅六尺以上とする。

④迂曲・狭小などの不便な道路を買上げ、拡幅する。

⑤浜町川・神田川・新川などを疎通させる。

という、壮大な計画である。しかし、事業の対象となる地域は、同一二年一二月に発生した大火で被災した、京橋区・日本橋区・神田区・麹町区という東京の中心部のみという、またしても実に不徹底な事業であった（「回議録」）。

とはいえこの事業を実現するべく、政府も努力はしていた。同年九月、防火線路設置と屋上検査を中心とする事業を円滑に運営するため、この事務を担当する防火建築調査委員局が設置されたのである（「府達全書」）。同一六年（一八八三）一月に出された前年度の事

務概況報告によると、事業開始当初は目の前の支出を嫌って人びとは苦情を訴え、習慣に逆らう民力に耐えがたいことだといって延期を求めるなど、運営に難航したものの、すでに新築改造したものは三〇〇〇あまりにのぼり、さらに前年九月から積立金で改良できるよう法改正したため、現在は改良坪数とその所有者三万五〇〇〇名あまりの調査を終え、改良希望者もまだ八〇〇〇名以上いるということで（「回議録」）、まずは順調に進んでいたようである。この防火建築調査委員局は、事務が漸次整理され、また東京府と警視庁の両庁委員を置いたため、その存在価値が薄れ、設置から五年後の明治一九年（一八八六）四月に廃止されている（「府達全書」）。

一方、同年一一月、政府のこのような動きをよそに六人の民間人により、日本橋区大伝馬町に東京火災予防会社が設立された。その会社規則の第一条には「本社の業務は、東京府下において火の番を請け負い、持ち区内の火災を予防するにありて、他の消防夫と混同せざるものとす」と明記されている。この会社は依頼者から料金を取り、防火に務めるというシステムで、「改新新聞」に「先ず第一着に神田区は富松町、久右衛門町より豊島町、日本橋区は小船町三か町をはじめ、漸次隣町にわたり陸続依頼者の申し込みありて、本月中には各区へ支社を設立するに至らんと……」という記事が掲載されたところをみると、この会社は一定の評価を得ていたと考えてよさそうである。

減らない火災

このほかにも新しい消防方法の開発や、水道の整備なども進められていたが、官民あげての防火対策が取られるなか、さぞや東京の火災が減ったと思いきや、必ずしもよい結果は出ていない。こうした努力が報われるには、まだ時間を要したようで、政府を慌てさせた明治五年（一八七二）の大火以降、おおざっぱにみても、次のように大きな火災は頻発していたのである。

明治　六年（一八七三）　一月　新吉原火災
　　　　　　　　　　　　五月　皇城炎上
〃　七年（一八七四）　一月　増上寺焼失
〃　九年（一八七六）　一一月　日本橋数寄屋町大火
〃　一一年（一八七八）　三月　神田大火
〃　一三年（一八八〇）　一二月　神田・日本橋大火
〃　一四年（一八八一）　一月　神田松枝町大火
〃　一六年（一八八三）　八月　護国寺火災
〃　二三年（一八九〇）　二月　四谷大火

〃　二五年（一八九二）　四月　神田大火
〃　二六年（一八九三）　九月　築地本願寺焼失
〃　二七年（一八九四）　四月　赤坂大火
〃　四四年（一九一一）　四月　吉原大火
大正　元年（一九一二）　三月　深川洲崎遊廓大火

ここにとくに上げなかった明治三〇年代にも、毎年一〇回くらいは府内のどこかしらが大きく焼けていたし、明治時代になっても江戸時代とたいして変わらないほど、頻繁に火災に見舞われていたことがわかる。したがって、本来ならばまだまだ穴蔵の出番がありそうなものだが、東京の人びとは穴蔵以外の手段を模索しはじめたのである。

近代化と穴蔵

銀行の登場

明治五年（一八七二）一一月、国立銀行条例が制定され、わが国でも本格的な銀行業務が開始された。翌年七月の第一国立銀行開業に際し、「東京日日新聞」に業務内容を解説した広告が掲載されているが、その筆頭に当座預金の仕組みが説明されており、さらに当座預金を利用すれば、諸商人または従業員などが、毎月またはその時々の収入を、商業や諸雑費の支払いに必要と見積もった分だけ銀行に預ければ、計算も楽だし「第一盗火難の患いを省く」と、便利さが強調されている。つまり、これまで盗難や火災から財産を守っていた穴蔵の代わりを、銀行がしてくれるというのである。

しかも、穴蔵に財産を保管していても一銭にもならないが、銀行に預金すれば利息がつく。ただし、普通銀行では定期預金受け入れ額が一〇〇円以上であったため、そう簡単に庶民が利用できたわけではない。そこで明治八年（一八七五）、内務省駅逓局は東京を中心とする一九の貯金預所で、一〇銭から一〇〇円までという小口の貯金の受け入れを開始、のちに駅逓局は郵便局となり、これは郵便貯金とよばれるようになる。この年の貯金高は一万五〇〇〇円であったが、同一八年（一八八五）には九〇五万円、二九年（一八九六）になると二八〇〇万円にものぼっている（玉置紀夫著『日本金融史』）。

こうした動きに刺激され、明治一三年（一八八〇）、専業貯蓄銀行の嚆矢となる東京貯蓄銀行が開業する。当時の国立・私立の銀行預金利息が七％であったのに対し、貯蓄銀行では一二〜一五％という高利回りで、大資本に負けじと追い上げてきたのである（前同書）。『官報』によると明治一七年（一八八四）当時、東京で営業していた私立銀行は、普通・貯蓄合わせて一八行であった。

このように明治初期の人びとは、穴蔵がなくても代わりに財産を守ってくれる機関のあることを知り、しかもただ預けるだけでいくらかでも利息を手にすることができるというまみを覚えてしまった。『かし家札』の創刊された明治二三年九月には、預金・貯金のシステムも相当広く普及しており、穴蔵は窮地に立たされていたのである。

火災保険の登場

穴蔵存亡の危機に、さらに追い討ちをかける事態が発生する。明治二一年（一八八八）一〇月、東京火災保険会社（現、安田火災）が営業を開始したのである。同二四年には明治火災保険株式会社（東京海上火災保険の前身のひとつ）が、二五年には日本火災保険株式会社があい次いで設立され、明治三五年ごろまでは大小の保険会社の濫立時代となった。そもそも火災保険の導入は、明治一一年（一八七八）ごろからすでに検討されており、一二年には大蔵卿佐野常民が太政大臣三条実美《さねとみ》に「家屋保険法」制定を上申している（「決議綴込」）。しかし、有力な推進者であった当時の東京府知事松田道之が計画中に死亡したこともあり、一五年にいったん制定案が却下されてしまったため、実現がのびのびになっていたのである。

しかし、開業後の火災保険の普及はめざましく、『安田火災百年史』によると一般にまだなじみの薄かった一年目こそ開店休業状態であったが、二年目以降は契約件数が増え、明治二二年（一八八九）には全国で三一九件、二三年には一七一〇件、二四年には新規参入会社も含めると四八〇八件と、まさにうなぎ登りに増え続け、明治三六年（一九〇三）には四〇万件を突破、三四年の東京火災保険会社の契約金額は、一億円に達したという。そば一杯が三銭の時代のことである。驚くべき急成長といえよう。

では、東京ではどうだったかというと、はっきりした数字は不明だが、これらの会社の本社の多くが東京にあったことを考慮すれば、加入者が少なかったわけもなく、実際次のような話が残っている。明治一八年（一八八五）三月の日本橋茅場町を襲った火災の後、被災者は火災保険に入ろうか、穴蔵をつくろうかさんざん迷ったあげく、結局保険に入ったというのである（玉井哲雄著『江戸――失われた都市空間を読む』）。また同二三年二月の火災で被災し、火災保険の最初の受給者となった浅草黒船町の牛肉商が、東京火災保険会社から保険金一六〇〇円を受け取り、「前書の金額さっそく同会社より受領つかまつり候、よって同会社株主各位に謝し、あわせて火災保険の世に潤益を与ふることをここに広告いたし候なり」という広告を「時事新報」に掲載している（『安田火災百年史』）。この広告が、穴蔵にしようか保険にしようか悩んでいる人びとに与えた影響の大きさは、想像に難くない。

このように、東京で暮す人びとが一向に減らない火災に対処する方法として、どうせ燃えてしまうのなら、維持・管理に手間ヒマと大金がかかり、場合によっては焼けてしまうこともある穴蔵よりも、確実に保証されて面倒のない火災保険に走るのも無理からぬことである。火災保険の登場により、穴蔵消滅に拍車のかかったことはまちがいない。

ところで、三井両替店では明治二年(一八六九)までは確実に穴蔵を利用していたことが、同店の「店普請金積之留」という史料から確認できるが、近代化の最先端を行く三井のこと、穴蔵の寿命もそう長くはなかったのである。

明治四年(一八七二)一一月、海運橋に洋風建築の三井組ハウスが完成する。国輝の錦絵にも描かれる立派な建築であったが、政府が第一国立銀行の用地として明け渡すよう要求してきたため、やむなく駿河町両替店隣の呉服店跡地に新館を建設することとなった。これが駿河町三井組ハウスで、明治七年(一八七四)二月に完成している(『三井銀行一〇〇年のあゆみ』)。国輝や芳虎の錦絵でも有名なこの建物は、バルコニーの美しい三階建の洋風建築であったが、同所の「新築仕様帳」によるとこの年の一二月、ここに設置されていた三か所の穴蔵が、七〇円近くの費用をかけて埋めもどされているのである。

地中室の登場

さらに明治三五年(一九〇二)一〇月、三井銀行・三井物産・三井鉱山の三社の入る三井本館が完成する。これは耐震・耐火を目的として設計された鋼鉄骨構造の建築で、地下二三～四尺まで掘削されていた。地上四階に加え、地下には「地中室」が設置される、五層構造であった(『三井事業史』)。こうして三井では、約二〇〇年にわたり苦楽をともにしてきた穴蔵が消滅し、代わって地下室が登場したのである。

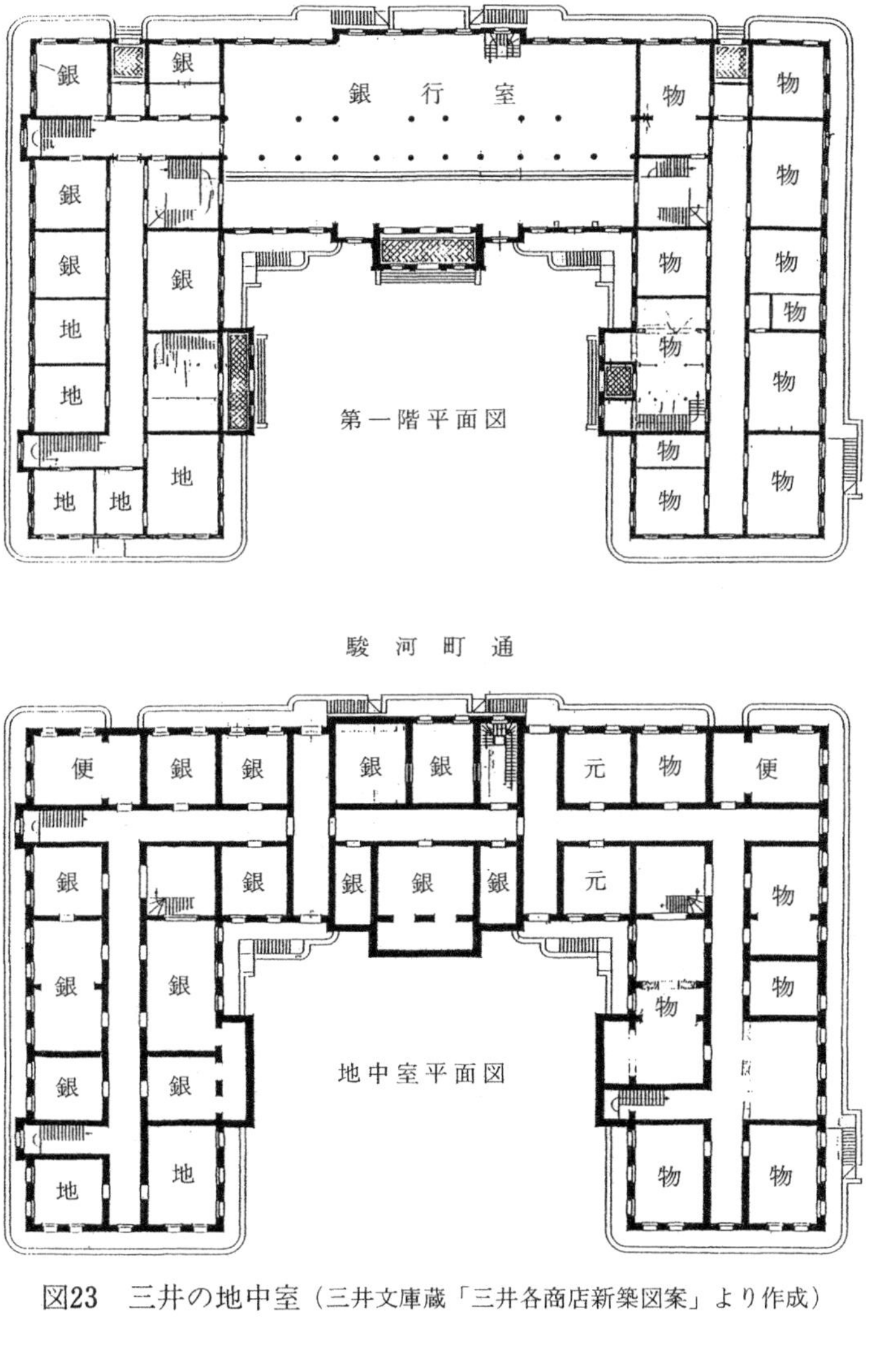

図23　三井の地中室（三井文庫蔵「三井各商店新築図案」より作成）

このように、明治初期には絶滅の危機にさらされていた穴蔵であったが、穴蔵の製造元である穴蔵大工はどうしていたのだろうか。明治一六年（一八八三）の東京府の生業調査によると、「雑」部門の「穴蔵」の人数は一四人、「細工職」部門の「穴蔵大工」にいたってはわずか九人であった。おそらく前者は穴蔵屋を指すと思われるが、これに対して大工は三三二六人、泥工つまり左官は九四四八人、石工は二〇七五人である。江戸時代の穴蔵大工の人口は不明であるが、これらの職人たちとともに、鯰絵をあれだけ賑せていた穴蔵大工は、もはや風前の灯火であったといえよう。

穴蔵大工の動向

このような状況のもと、明治二三年（一八九〇）五月、三三人の穴蔵大工により、東京穴蔵大工職業組合が設立されたのである。彼らの居住地をみると、深川区が九人、京橋区が七人、日本橋区が六人などと河岸地に多く居住しており、江戸時代の伝統を受け継いでいる。このとき作成された規約書の第二条には、「穴蔵大工職業とは、水道樋桝ならびに橋梁・穴蔵および浴湯箱風呂を製造請け負いする者をいう」と明記されており（「庶務要録」）、この組織が江戸時代の穴蔵屋の業務をそのまま引き継いでいることがわかる。しかし気になるのは業務内容の順番で、筆頭に水道樋桝が来ている。明治二〇年（一八八七）六月から政府は水道の改良政策に取りかかり、東京でも同三二年（一八九九）一一月に完了した工事は、給水地域が市内全域におよぶほどの大規模なものであった（佐藤志郎著『東京の水道』）。したがってこの時期には、穴蔵大工の仕事の中心が水道工事に移っていたとも考えられる。

ところで、こうした組合設立の動きはなにも穴蔵大工だけのものではなく、むしろ遅い方であった。すでに明治一二年（一八七九）に同業組合の設立建白がなされており、同一六年には左官の、二一年には大工の、二二年には石工の組合が次々と設立されている。したがってこの規約書もほぼマニュアル通りに作成されており、組合員のあり方、不正行為の禁止、徒弟の届出義務、会議規定、加入者規定、組合費賦課、違約者処分法などについて決められていた。ここには、江戸時代以来続く棟梁と仕手方・弟子との対立関係に対する警戒と、新規参入者への威嚇の意味も込められていると思われる。

組合の健闘の成果かどうか、平出鏗二郎著『東京風俗志』によると、明治二九年（一八九六）の穴蔵大工数は三四人と横ばい状態を保っていた。しかし同四一年（一九〇八）にいたっては、もはや改良水道工事も終了し力尽きたのか、わずか七軒に減少しているのである（古泉弘著『江戸の穴』）。その後の組合の動向は、まだ調べが進んでいないので不明であるが、この人数で維持していくのは至難の業であったにちがいない。

消えた江戸ッ子と穴蔵

穴蔵の活躍は、細々と関東大震災のころまで続く。『大正震災美績』には、消火栓も役に立たず炎に包まれた女子英学塾で、重要書類を穴蔵に投げ込んで避難し、鎮火後調べてみると、奥の壁に押しつけてあった荷物は無事だったと記されている。しかし『東京都戦災史』によると、太平洋戦争も激しさを増してきた昭和一八〜九年（一九四三〜四四）のころ、内務省の指揮のもとで防空壕の設置が推進されたが、東京都では場所の選定から形態・掘り方などについて、細かく懇切ていねいに都民を指導しなければならなかったという。このころすでに、穴蔵づくりのノウハウは断絶していたのだ。

三井家が、為替御用の担保として江戸で本格的に土地を集積し、町屋敷経営に着手しはじめたのは元禄期（一六八八〜一七〇四年）であるが、元禄一二年（一六九九）に京本店と思われる部署から、江戸本店支配人中にあてて提出された「普請方定」には、火災に関する事項とともに穴蔵について触れられている。つまり、町屋敷経営開始とほぼ同時に、経営マニュアルの中に穴蔵の問題が取りあげられていたことになる。江戸で町屋敷を持つにあたって、また江戸で生活するにあたって、いかに穴蔵が重要な施設であったかがうかがえるが、それも昭和の時代になると、すっかり様変りしてしまったのである。

江戸ッ子の条件に、「金ばなれがよい」というのがある。「江戸ッ子の生まれそこない金をため」（安永二年『柳多留』）という川柳もあるほどで、江戸ッ子はコツコツ金などため込んではいけなかったのだ。したがって、いかにも金持ってるゾ、といわんばかりに土蔵を建てることは、そもそも江戸ッ子の趣味に合わないことであった。しかし、正真正銘の江戸ッ子ならともかく、江戸ッ子にあこがれ、江戸ッ子を気取る大多数のただの〝凡夫〟は、やはり金がないと困る。ということになると、人目につかず、コッソリ金をためなくてはならない。それには穴蔵が持ってこいだったのである。

しかし近代化とともに、金をコツコツためることや金儲けをすることは、けっして卑しいことではなく、むしろ美徳とされるようになり、今や正々堂々と「援助交際」などといって年端もいかぬ子供たちまで金・かね・カネというありさまになってしまった。江戸時代には箱根から東には住んでいなかったこのテの人びとが、日本全国を席巻してしまった現代、こうなるともはや穴蔵の出番はない。穴蔵は江戸ッ子と、運命共同体だったといえるかもしれない。

あとがき

卒論・修論では裏長屋の経営をテーマにしていた私が、穴蔵を調べはじめたのは、埋蔵文化財の発掘調査に片足を突っ込んだときからである。のちに「江戸町人研究会」で報告させていただく機会に恵まれ、これが思いがけず、会員の先生方に興味を持っていただくことができた。その後も何度か穴蔵の報告をさせていただいたが、そんなある年の忘年会の席で、同会主催者である西山松之助先生から、穴蔵で一冊書きなさい、と光栄にも奨めていただいたのである。こうして本書が誕生することとなった。

本書は、穴蔵の百科事典にしようと思って書いたわけではない。穴蔵を狂言回しとして、江戸時代とは、江戸の町とは、江戸の人びととは、東京の近代化とは、そして現代とは何かを、考えてみたかったのである。しかしその答えは、本一冊書いたぐらいで簡単に出るものではなかった。どうやら一生のテーマになりそうである。

ところで、本書を執筆するにあたり、実にさまざまな分野の、これまたさまざまな先生方に、史料の所在や解釈のしかた、考え方などの御教示をいただいた。西山先生をはじめとする研究会の先生方、遺跡などの説明をして下さった各区の学芸員・調査員の皆様、そして卒論以来根気強くご指導下さっている吉原健一郎先生など、数え上げればきりがないほど多くの方々にお世話になった。また、本書のタイトルを考えて下さったり、構成の相談にのって下さったり、さらにはニコニコしながらしっかり原稿の催促をして下さった、吉川弘文館の大岩由明氏、校正作業などのお世話をいただいた重田秀樹氏には、心より御礼申し上げたい。

私がまだ、今よりずっと〝駆け出し〟だったころ、文章を完結させるという行為が執筆者と読者との共同作業である、ということを教えてくれたのは、もはや故人となってしまった、ある編集者だった。本書において、私が共同作業の一方の責任をうまく果たせたかどうか自信はないが、いい勉強になったし、何より楽しかった。より多くの方々が、この共同作業に加わって下されば幸いである。

一九九七年一一月

小沢　詠美子

著者紹介
一九六一年、東京都生まれ
一九八七年、成城大学大学院文学研究科日本常民文化専攻修士課程修了
現在淑徳短期大学非常勤講師
主要編著書
浅草寺日記〈共編〉　江戸東京年表〈共著〉

歴史文化ライブラリー
33

災害都市江戸と地下室

一九九八年二月一日　第一刷発行

著　者　小《お》沢《ざわ》詠《え》美《み》子《こ》

発行者　吉川圭三

発行所　株式会社吉川弘文館
東京都文京区本郷七丁目二番八号
郵便番号一一三―〇〇三三
電話〇三―三八一三―九一五一〈代表〉
振替口座〇〇一〇〇―五―二四四
印刷＝平文社　製本＝ナショナル製本
装幀＝山崎　登（日本デザインセンター）

歴史文化ライブラリー

1996.10

刊行のことば

現今の日本および国際社会は、さまざまな面で大変動の時代を迎えておりますが、近づきつつある二十一世紀は人類史の到達点として、物質的な繁栄のみならず文化や自然・社会環境を謳歌できる平和な社会でなければなりません。しかしながら高度成長・技術革新にともなう急激な変貌は「自己本位な刹那主義」の風潮を生みだし、先人が築いてきた歴史や文化に学ぶ余裕もなく、いまだ明るい人類の将来が展望できていないようにも見えます。このような状況を踏まえ、よりよい二十一世紀社会を築くために、人類誕生から現在に至る「人類の遺産・教訓」としてのあらゆる分野の歴史と文化を「歴史文化ライブラリー」として刊行することといたしました。

小社は、安政四年（一八五七）の創業以来、一貫して歴史学を中心とした専門出版社として書籍を刊行しつづけてまいりました。その経験を生かし、学問成果にもとづいた本叢書を刊行し社会的要請に応えて行きたいと考えております。

現代は、マスメディアが発達した高度情報化社会といわれますが、私どもはあくまでも活字を主体とした出版こそ、ものの本質を考える基礎と信じ、本叢書をとおして社会に訴えてまいりたいと思います。これから生まれでる一冊一冊が、それぞれの読者を知的冒険の旅へと誘い、希望に満ちた人類の未来を構築する糧となれば幸いです。

吉川弘文館

〈オンデマンド版〉
災害都市江戸と地下室

歴史文化ライブラリー
33

2017年（平成29）10月1日　発行

著　者　小沢詠美子《おざわえみこ》
発行者　吉川道郎
発行所　株式会社　吉川弘文館
〒113-0033　東京都文京区本郷7丁目2番8号
TEL　03-3813-9151〈代表〉
URL　http://www.yoshikawa-k.co.jp/

印刷・製本　大日本印刷株式会社
装　幀　清水良洋・宮崎萌美

小沢詠美子（1961～）

ISBN978-4-642-75433-0